中央高校基本科研业务费专项资金资助（项目编号：2018QG02）

我国系统性风险的度量、传染性和监管效果研究

Measurement, Contagion and Regulatory Effectiveness of Systemic Risk in China

许 悦 著

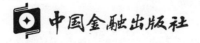

中国金融出版社

责任编辑：黄海清
责任校对：潘　洁
责任印制：陈晓川

图书在版编目（CIP）数据

我国系统性风险的度量、传染性和监管效果研究/许悦著. —北京：
中国金融出版社，2018. 11
ISBN 978 - 7 - 5049 - 9809 - 5

Ⅰ.①我…　Ⅱ.①许…　Ⅲ.①金融风险防范—研究—中国②金融
监管—研究—中国　Ⅳ.①F832.1

中国版本图书馆 CIP 数据核字（2018）第 239938 号

出版
发行　**中国金融出版社**

社址　北京市丰台区益泽路 2 号
市场开发部　（010）63266347，63805472，63439533（传真）
网 上 书 店　http：//www. chinafph. com
　　　　　　　（010）63286832，63365686（传真）
读者服务部　（010）66070833，62568380
邮编　100071
经销　新华书店
印刷　北京市松源印刷有限公司
尺寸　169 毫米 ×239 毫米
印张　10. 75
字数　168 千
版次　2018 年 11 月第 1 版
印次　2018 年 11 月第 1 次印刷
定价　35. 00 元
ISBN 978 - 7 - 5049 - 9809 - 5
如出现印装错误本社负责调换　联系电话(010)63263947

序

    党的十九大发出了中国进入新时代的最强音，带来了坚持改革开放和发展的福音，也提出了要牢牢守住不发生系统性风险的底线。2018 年中央经济工作会议提出"中国特色社会主义进入了新时代，我国经济发展也进入了新时代，基本特征就是我国经济已由高速增长阶段转向高质量发展阶段"。会议明确，防范风险不仅是 2018 年，也是 2019—2020 年的重要任务，其中重点是防控金融风险。可以看出，对于金融风险，特别是系统性风险的防控符合我国新时代金融风险管理的基本工作要求，探索如何对系统性风险进行正确认识和有效管理在理论和实践上均具有重要的意义。

    对于系统性风险的关注自 20 世纪 70 年代就已经开始，然而主流经济学一直未对这一问题产生足够的重视，金融体系和金融市场一直被自由主义思想所主导。随着金融创新和金融机构高杠杆业务的不断发展，金融机构、金融市场和金融产品的内在依赖度和关联度大大增强，金融机构风险暴露的同质性显著增加，金融市场和机构之间面临更大的传染风险，这种系统性风险的累积不仅影响金融体系的稳定，甚至对实体经济的运行也产生潜在的危害。自 2008 年国际金融危机爆发开始，对金融体系甚至实体经济均产生了极大的冲击，这也正是系统性风险不断累积的结果。这次危机充分说明了一直以来各国所奉行的针对个体机构为监管对象的微观审慎监管在如今的实践中并不足以维护金融体系稳定。

    2008 年国际金融危机之后，以巴塞尔银行监管委员会为代表的国际监管组织针对系统性风险监管提出了宏观审慎监管的理念和框架，并已逐渐被各国监管机构作为管理系统性风险的主要手段，这也是未来金融监管改革的主要趋势，也必然会成为中国金融监管改革的主流趋势。

    本书从系统性风险的度量和预警、引发系统性危机的传染性特征以及系统性风险的监管效果三个方面出发，从危机前预防的角度对我国系统性风险进行了深入研究。在系统性风险的度量和预警方面，本书在梳理已有度量方法的基础上，为我国构建了一项度量系统性风险的金融压力指数，并对其进行了门限分析，表明该指数对我国经济活动有一定的前瞻作用，这为我国系统性风险监测提供了一些启发。同时，本书利用该指数对我国系统性风险的水平和传染风险进行了分析，加深了人们对我国系统性风险水平和危机传染渠道的认识。此外，本书选取空间维度下宏观审慎监管的核心——系统重要性金融机构的监管，并且从较为新颖的市场约束这一角度，讨论了我国系统重要性银行的监管效果，指出市场约束在对该类机构的监管中并未起到显著作用，未达到降低其道德风险的效果。最后，本书对国内外系统性风险的监管实践进行了总结和分析，并为我国系统性风险的监测、传染效应的防范以及市场约束的加强提供了一些建议。

本书作者许悦在读博期间便在我的指导下开展了以金融风险管理和监管为核心的研究活动，尤其对于系统性风险有较为深入的研究，并有着高质量的公开发表。本书是她近几年研究成果的系统总结，希望本书能为相关研究人员和监管机构提供一些参考。

中国人民大学财政金融学院教授、博士生导师
2018 年 8 月

前　　言

对于系统性风险的关注自 20 世纪 70 年代就已经开始，当时国际清算银行便指出单个金融机构的稳定并不能保证整体金融系统的稳定运行，而应从宏观的视角重视系统性风险。自 2008 年开始的国际金融危机进一步促使国际监管组织和各国监管当局将风险管理的视角从微观层面提升到了宏观层面，巴塞尔银行监管委员会、金融稳定理事会、欧洲中央银行等国际监管组织和各国监管机构针对系统性风险的监管提出了宏观审慎监管的理念和框架，系统性风险也成为各国学者研究的焦点。由此可见，对于系统性风险这一话题的研究在监管实践和学术发展层面都具有十分重要的意义。

我国虽然尚未发生过大规模金融危机，然而受国内外经济环境影响，也出现过股市动荡、银行"钱荒"等金融压力事件，因此了解我国系统性风险的特征，探索合适的监管方法对监管当局完善我国宏观审慎监管框架，稳定金融和经济体系运行均具有重要作用。本书基于理论分析、实证分析和实践应用分析，分别对我国系统性风险的度量方法和测度结果、系统性风险所表现出的传染性特征、系统性风险的监管效果特别是系统重要性金融机构的市场约束效果进行了探索，并围绕这几点对国内外系统性风险的监管实践进行了分析，旨在加深人们对我国系统性风险水平和特征的理解，同时为我国系统性风险的监管实践提供参考。

本书第 1 章、第 2 章和第 3 章围绕理论基础展开，为后面章节的实证研究做铺垫。第 1 章作为导论，围绕全书的研究背景与意义、研究思路与方法、研究可能的创新之处进行了总体论述。第 2 章为文献综述，分别对系统性风险的度量和预警、引发系统性危机的传染性特征和系统性风险的监管效果这三个方面的文献进行了总结和评述，并提出了可以进一步研究的角度。

第 3 章在第 2 章系统性风险度量和预警文献综述的基础上进一步展开，将相关方法分为金融危机早期预警模型、基于金融机构业务特征的系统性风险度量方法、基于金融机构与金融系统关系的系统性风险度量方法、金融压力指数法和宏观压力测试五类，全面分析各种方法所需数据基础、模型构建、应用条件和应用效果等方面的特征并对这几类方法进行比较。本章指出，从金融机构角度出发的方法和宏观压力测试对机构层面的微观数据和技术要求较高，而早期预警模型和金融压力指数法多基于宏观数据出发，对数据和技术的要求较为灵活。从使用效果看，早期预警模型、金融压力指数法和宏观压力测试主要用于度量较为宏观的系统性风险，而基于金融机构特征的方法多用于识别对系统性风险贡献度较大的机构。各方法的应用效果尚未形成统一意见，各国应根据自身国情选择适合的方法。

本书第4章、第5章和第6章在前3章理论研究的基础上，从我国实际出发，分别对我国系统性风险的度量、传染性和监管效果进行了实证研究。第4章基于第3章对系统性风险度量和预警各方法的分析，选择了较适合我国的金融压力指数法，通过选取货币、债券、股票和外汇市场涵盖的12项金融压力基础指标数据，运用主成分分析法和各指标间交叉相关性矩阵，为我国构建了一项周度金融压力指数（FSI），并利用门限向量自回归（TVAR）模型基于FSI与宏观经济的关系对其进行了门限和区制分析。结果表明，本章所构建FSI的走势与样本区间内系统性事件发生情况基本吻合，其当前数值与门限值比较可以用于判断未来第7个月的经济所处区制，具有一定的前瞻性，因此该指数对我国系统性风险测度有较好的效果。该指数的测度结果表明，我国系统性风险总体水平较低，区制分析结果表明，我国高压力区制出现较少，经济运行总体较为稳定。

第5章围绕系统性风险表现出的传染性特征展开，首先从理论上对引发系统性危机的跨市场和跨国传染机制进行剖析。本章指出，从引发传染的渠道和机制来看，银行间传染渠道主要包括由外部因素引发的被动式传染、银行间实际业务联系和由信息引发的银行倒闭的溢出效应，在多市场传染机制方面，银行体系同样发挥了较大的作用，且其他市场间也会通过业务联系和互相持有资产负债而发生传染现象。跨国传染渠道主要包括贸易渠道、金融渠道和投资者行为渠道。在我国的跨市场传染机制中，银行体系和外汇市场对传染风险有较大影响，应加强通过这两个渠道的传染效应防范，而我国与他国的跨国传染风险也在不断上升。在实证研究中，本章利用第4章所选取的金融压力指数法，为中国和美国分别构建了金融压力指数，以金融压力的相关性来反映传染风险的大小，而在其中一国或两国受到冲击时以金融压力之间联动性的显著增强来判定传染效应的发生。在跨市场传染性特征分析中，本章基于中美各子市场金融压力的交叉相关系数对中国和美国国内货币市场、债券市场、股票市场、外汇市场四个子市场之间的跨市场传染性特征进行了比较和分析，并发现中国的跨市场传染风险总体较低，而债券市场与货币市场、股票市场与外汇市场间传染风险较高，应防范通过银行间市场和外资流动产生的传染。在跨国传染性特征分析中，本章利用基于贝叶斯推断的时变参数回归（TVP - R）模型和吉布斯抽样（Gibbs Sampler）估计方法，以及各子市场间的交叉相关系数，分析了中美两国金融系统整体和四个子市场之间的传染性特征。结果表明，在发生冲击时，两国金融系统之间表现出了一定的传染效应，且具备双向性，除了在两国系统性风险水平较高，发生冲击时产生了传染效应外，在两国的系统性风险水平和各市场整体关联度较低时，一些金融事件也会使特定市场之间产生较高的传染风险，均应得到两国监管部门关注。此外，中国的股票市场和外汇市场与美国四个子市场之间的传染风险较高，两国间外汇市场最高，应采取措施重点管理和控制。

第 6 章关注空间维度的宏观审慎监管政策，即围绕系统重要性金融机构而实行的监管政策展开。本章选取巴塞尔协议第三支柱市场约束这一角度，采用事件研究法，针对我国的全球系统重要性银行（G - SIBs）股票收益对于 2011—2015 年巴塞尔银行监管委员会、金融稳定理事会以及中国银监会发布全球系统重要性银行名单和出台系统重要性银行监管政策等共 9 次监管事件产生的反应进行了分析，并将我国进入全球系统重要性银行名单和未进入该名单的上市银行进行了对比，旨在研究监管政策的出台是否影响了市场对于该类机构的预期，即是否起到了市场约束的效果。结果表明，其中仅有巴塞尔委员会发布更新后监管要求这一事件对相关全球系统重要性银行股票收益产生了显著的负面影响，其他 8 次事件均未使相关银行股票产生显著的负异常收益。这表明在大部分情况下，市场约束在对我国系统重要性银行的监管中并未起到显著作用，未达到降低该类银行道德风险的效果。

本书第 7 章针对系统性风险的监管实践展开，围绕系统性风险的度量和预警方法、引发系统性危机的传染效应的防范和系统性风险监管中市场约束的加强这几个方面进行了国内外实践经验的总结和分析。本章指出，在系统性风险度量和预警方面，我国目前监管实践中的基于宏观和微观视角的方法分别为宏观压力测试和识别系统重要性金融机构的指标法，而由于我国的金融和经济体系运行尚不成熟，数据、技术和专业人员基础不足，一些方法在我国实操中尚存在困难，但仍可在参考国外经验的基础上予以推广，现有方法也存在改进的空间。对于传染效应的防范，我国在内部交易和大额风险暴露管理方面，相关条款仍较少，操作规定不具体，且由于我国银行与西方银行的业务情况和数据基础存在不同，应结合我国实际出台相关法规。在"防火墙"建设方面，我国仍需考虑其可能带来的流动性风险加剧和对负债方的负面影响，在建设中对其予以重视。另外，由于我国与他国联系正逐步加深，通过对外汇市场的管理以降低跨国传染风险也应成为重点。在加强市场约束方面，我国在对信息披露框架完善的同时，还应考虑到信息披露可能会加重金融体系混乱的负面效应，因此除对金融体系和信息披露予以强化外，还应配合其他更严格的金融监管政策。此外，在显性金融安全网的建设中，我国可以参考国外经验，在其中加入加强市场约束的措施。

本书第 8 章对全书的研究结论进行了总结，并基于本书结论，针对系统性风险的度量和预警方法、传染效应的防范和系统性风险监管中市场约束的加强这几个方面为我国提出了政策建议，最后论述了研究存在的不足之处和未来研究展望。在系统性风险度量和预警的实践方面，本章为金融压力指数法、宏观压力测试和基于金融机构微观视角的方法在我国的应用提供了改进建议。在防范传染效应方面，本章认为可以基于金融压力指数加强对传染风险和传染效应的监测工作，同时为内部交易与大额风险暴露的管理、"防火墙"的建设、信息披露的加强、对外汇风险暴露和国际资本流入的管理以及加强国际合作等方面提出了建议。在加强市场约束方面，本章为我国提出的建议包括加强对信息披露的要求、建设基于市场约束的显性金融安全网、进行金融机构的股权结构改革、加强对专业投资者的培养和引导。

目　　录

第1章　导论 ……………………………………………… 1

1.1　研究背景与研究意义 ………………………………… 1

1.1.1　研究背景 ……………………………………… 1

1.1.2　研究意义 ……………………………………… 3

1.2　研究思路与研究方法 ………………………………… 4

1.2.1　研究思路 ……………………………………… 4

1.2.2　研究方法 ……………………………………… 6

1.3　研究可能的创新之处 ………………………………… 6

第2章　文献综述 ………………………………………… 8

2.1　系统性风险的度量和预警 …………………………… 8

2.2　引发系统性危机的传染性特征 ……………………… 11

2.2.1　对传染含义的讨论 …………………………… 11

2.2.2　跨部门和跨市场传染性特征 ………………… 12

2.2.3　跨国传染性特征 ……………………………… 14

2.3　系统性风险的监管效果 ……………………………… 15

2.3.1　时间维度下监管的有效性 …………………… 16

2.3.2　空间维度下监管的有效性 …………………… 18

2.4　总结与评述 …………………………………………… 22

第3章　系统性风险度量和预警方法的分析与比较 …… 24

3.1　金融危机早期预警模型 ……………………………… 24

3.1.1　FR 模型 ……………………………………… 25

3.1.2　KLR 信号分析法 ……………………………… 25

　　3.1.3　STV 模型 ……………………………………………… 26

　　3.1.4　其他预警方法及对预警模型的评析 ………………… 27

　3.2　基于金融机构业务特征的系统性风险度量方法 ………… 27

　　3.2.1　风险管理方法和未定权益分析（CCA）法 ………… 28

　　3.2.2　GARCH 模型法 ……………………………………… 30

　　3.2.3　网络模型法 …………………………………………… 30

　3.3　基于金融机构与金融系统关系的系统性风险度量方法 … 32

　　3.3.1　条件在险价值（CoVaR）法 ………………………… 33

　　3.3.2　边际预期损失（MES）法及其扩展 ………………… 34

　　3.3.3　夏普利值（Shapley Value）法 ……………………… 36

　　3.3.4　极值理论（EVT）法 ………………………………… 37

　3.4　金融压力指数法 …………………………………………… 38

　3.5　宏观压力测试 ……………………………………………… 41

　3.6　系统性风险度量和预警方法的整体比较与评析 ………… 42

　　3.6.1　基础数据和计算方法 ………………………………… 43

　　3.6.2　实际应用特征和效果 ………………………………… 44

第 4 章　我国系统性风险的测度及分析

　　　　——基于金融压力指数法 ……………………………… 46

　4.1　引言 ………………………………………………………… 46

　4.2　金融压力指数的构建 ……………………………………… 48

　　4.2.1　基础指标选取及处理 ………………………………… 48

　　4.2.2　金融压力指数的构建方法 …………………………… 52

　4.3　我国系统性风险的测度结果及分析 ……………………… 56

　　4.3.1　我国金融压力测度结果分析 ………………………… 56

　　4.3.2　我国金融压力的门限和区制分析 …………………… 59

　4.4　本章结论 …………………………………………………… 63

第 5 章　我国系统性风险表现出的传染性特征分析 ………… 65

　5.1　对传染机制的理论分析 …………………………………… 65

5.1.1　跨市场传染机制 ……………………………………… 67

5.1.2　跨国传染机制 ………………………………………… 69

5.1.3　我国国内跨市场和与他国的跨国传染机制 ………… 71

5.2　中国和美国国内跨市场传染性特征的分析与比较 ……… 73

5.2.1　中美金融压力指数的构建 …………………………… 74

5.2.2　中美国内跨市场传染性特征的分析与比较 ………… 77

5.3　中国和美国间跨国传染性特征分析 ……………………… 82

5.3.1　时变参数自回归（TVP－R）模型的构建 …………… 82

5.3.2　中美跨国传染性特征分析 …………………………… 84

5.4　本章结论 …………………………………………………… 88

第6章　我国系统性风险的监管效果研究

　　　　——以系统重要性银行市场约束状况为视角 ……… 91

6.1　引言 ………………………………………………………… 92

6.2　研究方法——事件研究法 ………………………………… 96

6.2.1　研究假设 ……………………………………………… 96

6.2.2　研究样本 ……………………………………………… 97

6.2.3　事件及时间窗口选择 ………………………………… 98

6.2.4　模型选择 ……………………………………………… 101

6.3　监管事件的市场反应结果分析 …………………………… 103

6.4　市场反应与银行特征关系分析 …………………………… 109

6.5　本章结论 …………………………………………………… 112

第7章　系统性风险监管的实践经验分析 ……………………… 115

7.1　系统性风险的度量和预警方法 …………………………… 115

7.1.1　国际实践经验分析 …………………………………… 115

7.1.2　我国实践经验分析 …………………………………… 118

7.2　引发系统性危机的传染效应的防范 ……………………… 120

7.2.1　国际实践经验分析 …………………………………… 120

7.2.2　我国实践经验分析 …………………………………… 122

7.3　系统性风险监管中市场约束的加强 ·· 124

　　7.3.1　国际实践经验分析 ·· 125

　　7.3.2　我国实践经验分析 ·· 126

7.4　本章结论 ·· 127

第8章　研究结论与对我国的政策建议 ·· 129

8.1　研究结论 ·· 129

8.2　对我国的政策建议 ·· 131

　　8.2.1　系统性风险的度量和预警方法 ····································· 131

　　8.2.2　引发系统性危机的传染效应的防范 ······························ 133

　　8.2.3　系统性风险监管中市场约束的加强 ······························ 135

8.3　研究存在的不足之处和未来研究展望 ······································ 137

参考文献 ··· 139

后记 ··· 156

图表索引

图 1 – 1　本书逻辑框架 ……………………………………………… 5

图 3 – 1　资产价值与财务危机概率的关系 ……………………… 29

图 3 – 2　银行间冲击传染的网络 ………………………………… 31

图 3 – 3　宏观压力测试的主要步骤 ……………………………… 42

图 4 – 1　系统性风险、门限值和区制关系 ……………………… 47

图 4 – 2　经济景气先行指数对于四个市场指数的脉冲响应函数 ……… 54

图 4 – 3　FSI 和国内外主要系统性事件 ………………………… 57

图 4 – 4　FSI 分布直方图和平滑曲线 …………………………… 60

图 4 – 5　FSI、中国经济景气一致指数和先行指数 …………… 61

图 4 – 6　FSI（7 阶滞后）与中国经济景气一致指数散点图 ……… 62

图 5 – 1　中国和美国金融压力指数（FSI_cn 和 FSI_us）与主要
　　　　　系统性事件 …………………………………………… 77

图 5 – 2　中国金融压力指数的分市场构成情况 ………………… 79

图 5 – 3　美国金融压力指数的分市场构成情况 ………………… 79

图 5 – 4　中国和美国国内各子市场之间金融压力的交叉相关系数 ……… 81

图 5 – 5　模型（5 – 1）和模型（5 – 2）的截距项后验均值估计结果 …… 84

图 5 – 6　模型（5 – 1）和模型（5 – 2）的斜率项后验均值估计结果 …… 85

图 5 – 7　模型（5 – 1）和模型（5 – 2）随机误差项方差的后验均值
　　　　　估计结果 ……………………………………………… 86

图 5 – 8　中美各子市场之间金融压力的交叉相关系数 ………… 87

表 3 – 1　KLR 方法的预警指标发出信号的情形 ………………… 25

表 4 – 1　FSI 计算中所涵盖的金融压力基础指标 ……………… 51

表 4 – 2　方差分解主成分提取分析表 …………………………… 52

表 4 - 3　前两个特征值对应的特征向量 ………………………………… 53

表 4 - 4　四个子市场所对应的权重 …………………………………… 53

表 4 - 5　门限滞后阶数和门限值分析结果 …………………………… 62

表 5 - 1　中美两国 FSI 计算中所涵盖的金融压力基础指标 ………… 74

表 5 - 2　美国子市场方差分解主成分提取分析表 …………………… 76

表 5 - 3　美国子市场前两个特征值对应的特征向量 ………………… 76

表 5 - 4　中美四个子市场所对应的权重 ……………………………… 76

表 5 - 5　中国各子市场金融压力相关系数 …………………………… 80

表 5 - 6　美国各子市场金融压力相关系数 …………………………… 80

表 5 - 7　中美子市场之间金融压力相关系数 ………………………… 87

表 6 - 1　针对 9 次监管事件的市场反应 …………………………… 104

表 6 - 2　银行特征变量描述统计 …………………………………… 110

表 6 - 3　累积异常收益与银行特征变量回归结果 ………………… 111

表 7 - 1　IMF/BIS/FSB 的系统重要性评估模板 ………………… 117

表 7 - 2　巴塞尔银行监管委员会的系统重要性评估指标 ………… 117

第1章 导　论

1.1　研究背景与研究意义

1.1.1　研究背景

对于系统性风险的关注自 20 世纪 70 年代就已经开始，当时国际清算银行便指出单个金融机构的稳定并不能保证整体金融系统的稳定运行，而应从宏观的视角重视系统性风险。自 2008 年开始的国际金融危机进一步促使国际监管组织和各国监管当局将风险管理的视角从微观层面提升到了宏观层面，巴塞尔银行监管委员会、金融稳定理事会、欧洲中央银行等国际监管组织和各国监管机构针对系统性风险的监管提出了宏观审慎监管的理念和框架，系统性风险也成为各国学者研究的焦点。由此可见，对于系统性风险这一话题的研究在监管实践和学术发展层面上都具有十分重要的意义。

系统性风险（Systemic Risk）[①] 这一概念在国际上并没有统一的定义，由此便可以看出这一问题的复杂性。目前从国内外文献来看，对于系统性风险一般从两个维度加以定义。第一个维度侧重于系统性风险的影响广泛性，认为系统性风险是指能够对整个金融甚至经济体系造成负面影响的较大的宏观冲击（Kaufman 和 Scott，2003）。金融稳定理事会（FSB）、国际货币基金组织（IMF）和国际清算银行（BIS）（2011）联合发布的报告认为，系统性风险是指对金融服务体系造成全面损害，从而导致整个经济体系随之受到严重

[①] 本书所研究的系统性风险（Systemic Risk）与不可通过投资组合进行分散的系统风险（Systematic Risk）概念不同，后者一般由市场波动引发，与可通过分散投资消除的非系统风险相对应，而本书所研究的系统性风险会影响整个系统的稳定性，对应于仅影响个别市场或机构的局部或个体风险。

影响的风险。欧洲中央银行（ECB）（2009）认为，系统性风险可能导致大范围的金融不稳定，从而影响到金融体系的正常运行，以至于使得经济增长和福利遭受损失。系统性风险定义的第二个维度则侧重于风险的溢出效应，即市场和机构之间的关联性和传染效应，强调市场和机构之间通过直接的传染效应以及通过间接的共同风险暴露相联系。Kaufman（1995）认为，系统性风险指一个系统中一个事件的发生会导致多家机构或市场发生一连串损失的可能性。从这两个维度看，系统性风险具备对金融甚至经济体系的影响广泛性特征，且系统性风险的升高能够增加机构和市场间发生传染的可能性。

从第一个维度可以看出，系统性风险能够增加金融系统甚至经济系统发生危机的可能性，因此对于其水平的监测也成为各国学者和监管机构所关注的重要问题之一。国内外的理论研究层面和实践层面上，已开发出了包括基于金融系统宏观角度的金融危机早期预警模型、金融压力指数法和宏观压力测试，以及基于金融机构业务特征和其对于系统性风险贡献度的微观视角方法。其中，早期预警模型、金融压力指数法和宏观压力测试已经在国际监管组织和各国监管机构对于系统性风险的度量和预警当中得到了较为广泛的应用。这一系列的实践经验和学术成果为系统性风险度量和监管的相关研究开展提供了较好的基础。虽然我国尚未发生过大规模金融危机，然而受国内外经济环境影响，也出现过股市动荡、银行"钱荒"等金融压力事件，而我国目前尚未出台一套较为完善的用于实践的系统性风险水平监测指标体系，因此，寻找适合我国的系统性风险度量和预警方法对监管当局监测我国金融稳定状况、出台相关经济政策也有重要的指导作用。

系统性风险定义的第二个维度侧重于市场和机构间的传染效应，由此可以看出，对于传染渠道的识别和传染风险的控制也是防范系统性风险水平升高的重要手段。对于我国而言，探索我国国内市场和部门间的传染机制，以及我国和他国之间的跨国传染机制，对于监管当局出台有针对性的传染防范措施，降低系统性风险而言也具有重要意义。

针对如何防范系统性风险，维护金融和经济稳定运行，2008年国际金融危机后，国际监管组织和各国监管当局已提出并逐步实践了宏观审慎监管这一理念和框架。宏观审慎监管框架在实践中可以分为时间和空间两个维度，时间维度上主要关注信贷的顺周期性问题,空间维度上主要关注金融机构间的关联性问题,核心在于对系统重要性金融机构(SIFIs)的监管,国内外学者和监管机构对于宏观审慎监管的框架和实施已经有了较多的探讨和实践。从国内外的研究来看,对于从宏观审慎监管的时间维度探讨其监管效果的文献较多,而从空间维度围绕系统重要性金融机构监管效果的探讨则相对较少,尤其对于我国而言,相关实证研究更需补充。从监管机构围绕系统重要性金融机构的监管实践来看,巴塞尔银行监管委员会、金融稳定理事会等国际监管机构以及中国银监会等监管组织均针对系统重要性金融机构的监管出台过一系列文件,对其加强监管的目的一是为了加强该类机构对未来金融冲击和损失的吸收能力,二是降低市场对于该类银行在未来发生财务困境时获得各方支持的预期,从而降低这类银行所引发的道德风险问题(Abreu 和 Gulam-hussen,2013)。针对第二个目的,可以理解为巴塞尔协议中第三支柱市场约束在监管这类存在“大而不倒”效应的金融机构的实施效果。对于我国而言,在金融稳定理事会 2011—2016 年发布的 6 次全球系统重要性银行(G–SIBs)名单中,中国银行、中国工商银行、中国农业银行和中国建设银行四家大型银行先后入选。而中国平安也连续入选金融稳定理事会 2013—2016 年所公布的 4 次系统重要性保险机构(G–SIIs)名单。因此,对于系统重要性金融机构的监管是否能够起到相应的效果,市场约束在这类机构中的作用如何,对于我国有关系统性风险的研究和监管的开展都是一项重要课题。

1.1.2　研究意义

马勇(2016)认为,一个完整的宏观审慎政策框架包括三大模块:一是监测系统性风险的早期预警系统,有助于发现失衡;二是旨在纠正正在发生失衡的宏观审慎管理体系;三是发生危机后的应对与处置方案,旨在降低已发生危机的成本,而其中前两大模块,即对危机发生的防范,应作为宏观审慎政策框架的核心部分。本书所研究的主要内容即围绕该政策框架的前两大模块展开,对我国系统性风险的度量、传染性和监管效果这几方面开展研究,旨在防范系统性危机的发生。本书对于加强对我国系统性风险特征的理解以及完善我国系统性风险监管框架方面均具有一定的理论和实践意义,主要体现为以下两点。

第一，深入理解我国系统性风险的水平和特征。本书通过为我国所构建的金融压力指数，测度了我国的系统性风险水平，并分析了我国的高风险和低风险区制情况以及金融和经济体系稳定状况。此外，本书对我国系统性风险所表现出的传染性特征进行了分析，基于跨市场传染和跨国传染两个方面，从理论和实践的角度分析了可能引发系统性危机的传染机制。这几方面的研究能够加深人们对我国系统性风险的总体水平和传染性特征的理解。

第二，为我国系统性风险的监管实践提供参考。在系统性风险度量方面，本书全面分析并比较了系统性风险各度量和预警方法的特点，并结合我国实际情况为我国构建了金融压力指数，且对其进行了有效性检验。在系统性风险监管方面，本书选取了系统重要性金融机构的市场约束效果这一视角，实证检验了各监管规定对于该类机构所产生的市场约束效果。本书还结合国内外系统性风险相关监管实践进行了分析，并结合各章研究成果，为我国系统性风险的监管提出了有针对性的建议。本书为我国监管机构提高对系统性风险的监管效果、完善宏观审慎监管框架提供了重要参考。

1.2 研究思路与研究方法

1.2.1　研究思路

本书的总体研究思路为从理论入手，首先对系统性风险相关的理论进行梳理和分析，再分别从我国系统性风险的度量、传染性和监管效果三个方面出发，结合我国实际进行实证分析，接下来从实践应用的角度，围绕这三个方面对国内外对于系统性风险监管的相关实践经验进行总结分析，最后，对全书的研究结论进行总结，并针对系统性风险的度量和预警、传染效应的防范和监管效果的加强为我国的系统性风险的监管提供建议。总体研究思路如图1-1所示，各章具体研究思路如下。

第1章、第2章和第3章为理论基础。第1章作为导论，围绕全书的研究背景与意义、研究思路与方法、研究可能的创新之处进行了总体论述。第2章为文献综述，分别围绕系统性风险的度量、传染性和监管效果对前人的研究进行了全方位梳理，并进行了总结评述，提出了可以进一步研究的角度。

第 3 章对系统性风险的度量和预警方法进行了更为深入的比较与分析,主要分析角度包括其所用数据、模型方法以及应用条件。这三章为后文实证分析的展开提供了理论铺垫。

第 4 章、第 5 章和第 6 章为围绕我国情况进行的实证分析。第 4 章在第 3 章围绕系统性风险度量和预警方法分析的基础上,选取较适合我国的金融压力指数法,为我国构建了测度系统性风险的金融压力指数,并对其使用效果进行了检验,同时利用该指数对我国系统性风险的总体水平进行了分析。第 5 章使用了第 4 章所提出的金融压力指数的框架和方法,分别从理论探讨和实证分析的角度,探究了可能引发我国系统性危机的跨市场和跨国传染机制、传染效应和传染风险,并与运行以市场为主导金融体系的代表国家美国进行了比较分析。第 6 章选取了空间维度下系统性风险的监管核心系统重要性金融机构监管这一角度,从市场约束的状况出发研究了我国系统重要性银行的监管效果。

第 7 章则注重于对实践应用的分析,基于前文的研究思路,围绕系统性风险的度量和预警方法、引发系统性危机的传染效应的防范和系统性风险监管中市场约束的加强这几个方面进行了相关监管实践分析。

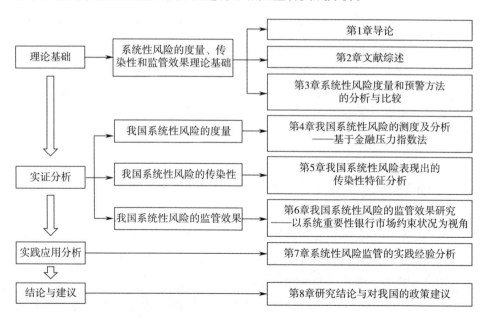

图 1 – 1 本书逻辑框架

本书第 8 章对全书的研究结论进行了总结，并将理论和实践相结合，基于本书结论和我国现状，围绕系统性风险的度量和预警方法、传染效应防范和市场约束加强几方面为我国提出了政策建议，最后论述了研究存在的不足之处和未来研究展望。

1.2.2　研究方法

本书所使用的研究方法包括以下几种：第一，理论分析与实证分析相结合。本书第 1～3 章注重理论分析，对系统性风险的度量、传染性和监管效果的相关背景、原理和研究成果进行了梳理和探讨，第 4～6 章注重实证分析，运用前三章的理论分析成果，结合我国的实际情况对我国系统性风险的这三个方面问题开展了实证研究。在这三章当中也各自运用了理论与实证相结合的方法，在对我国系统性风险的生成原理、引发系统性危机的传染机制和市场约束机制进行理论探讨，并相应提出合理假设的基础上，再进一步基于我国的实证数据和现象进行研究。第二，理论研究和实践应用相结合。本书前 6 章注重于对我国系统性风险相关问题进行学术上的理论研究，而第 7 章则注重于对监管实践的研究，梳理并分析了国内外系统性风险监管的实践经验。第 8 章则基于前 7 章的研究成果，进一步将理论和实践相结合，结合全书的研究结论和我国金融和经济体系实际特点，为我国提出了有针对性的建议。第三，定性研究与定量研究相结合。本书在对系统性风险相关问题的研究中，除对相关原理和机制进行定性探讨外，还充分运用了相应计量模型和检验方法，基于我国相关数据，对我国系统性风险的度量、传染性和监管效果进行了更为精确的定量探索。

1.3　研究可能的创新之处

本书主要围绕我国系统性风险的度量、传染性和监管效果出发，旨在对这几方面的学术研讨进行补充，并为监管实践提供参考。本书可能的创新之处包括以下几个方面。

第一，本书构建了一套适合我国的系统性风险度量和预警方法。本书在全面梳理并分析了已有在学术和实践中常用的系统性风险度量和预警方法的基础上，选用较适合我国的金融指标和建模方法，为我国构建了一项金融压力指数，并围绕该指数对于系统性事件的识别和门限分析两方面进行了有效性研究，表明该指数对于我国系统性风险的度量和预警而言较为有效，且对经济活动有一定的前瞻作用。本书还将所构建的指数运用到我国系统性风险所表现出的传染机制的探索中，为我国跨市场和跨国传染风险和传染效应的监测提供框架。

第二，本书加深了人们对于我国系统性风险的水平和传染性特征的理解。本书通过所构建的金融压力指数，对我国系统性风险的总体水平，经济和金融运行的高压力和低压力区制，以及我国系统性风险表现出的跨市场和跨国传染效应和传染风险进行了一定的探索，加深了监管机构和学者对于我国系统性风险水平和传染性的理解，也为我国系统性风险防范政策的出台提供了一定参考。

第三，本书揭示了我国系统重要性金融机构监管中的市场约束状况。本书选取了旨在降低系统性风险水平的时间维度下宏观审慎监管的核心，即对系统重要性金融机构的监管，以及巴塞尔协议第三支柱市场约束状况的角度，探索了我国系统重要性银行的市场约束机制所发挥的效果，为更好地发挥市场约束在监管系统重要性金融机构中的作用，减少其所带来的道德风险和所可能引发的系统性风险提供了一定的参考。

第四，本书为我国系统性风险的监管提供了有针对性和应用性的政策参考。本书参考国内外系统性风险的度量和预警、传染的防范以及市场约束的加强几方面的监管实践经验，并结合基于我国现状的理论和实证研究成果，为我国系统性风险的监管提供了有针对性的政策建议。

第 2 章　文献综述

由于系统性风险存在严重影响金融甚至经济体系正常运转的可能性，这一问题一直作为各国学者所研究的重点之一，尤其在 2008 年国际金融危机爆发以来，针对系统性风险的研究更为丰富。从系统性风险的度量和预警、引发系统性危机的传染性特征分析以及系统性风险监管等角度出发，各国学者已经进行了一定的探讨，加深了人们对于系统性风险理解的同时，也为监管机构相关监管实践的开展提供了参考，同时为进一步研究的开展提供了重要基础。本章对涉及系统性风险上述话题的文献进行了较为全面的梳理、总结和分析，旨在为后续章节研究的开展提供理论铺垫。

2.1　系统性风险的度量和预警

有关系统性风险的度量和金融危机预警方法的研究在 20 世纪 90 年就已经有了一定程度的发展，而自 2008 年国际金融危机爆发以来，随着人们对系统性风险的理解进一步加深，对于其度量和预警方法的发展更为迅速，且至今仍在不断探索当中。从目前已经开发出的方法来看，可以将其主要的度量和预警方法分为五类：金融危机早期预警模型、基于金融机构业务特征的度量方法、基于金融机构与金融系统关系的度量方法、金融压力指数法和宏观压力测试。

传统的金融危机早期预警模型主要包括 FR 模型（Frankel 和 Rose，1996）、KLR 模型（Kaminsky 等，1997）、STV 模型（Sachs 等，1996）、DD 模型（Demirgüç–Kunt 和 Detragiache，1998）、DCSD 模型等。这些模型的主要思想较为类似，均通过研究历史上危机事件的特征，选取一系列先行经济指标构建综合指标，并根据历史上危机发生时的相关数据确定其门限值，从而计算出金融危机发生的概率，通常采用 Probit 或 Logit 的离散分布计量方法。

国内的研究主要围绕这些模型在我国和其他发展中国家的实证分析展开。张元萍和孙刚（2003）利用 STV 横截面回归模型和 KLR 信号分析法，参考国际标准确定临界值，设计出一套指标，并对我国的金融危机发生的可能性进行了实证分析，发现上述两个模型所得出的结果是相互矛盾的。史建平和高宇（2009）、肖敬红和闻岳春（2013）分别利用 24 个发展中国家的数据和我国的数据，对 KLR 预警模型进行了实证检验，认为该模型预警效果较好。苏冬蔚和肖志兴（2011）利用 KLR 模型和 Logit 概率模型，发现国内信贷规模与GDP 的比率、广义货币（M2）与外汇储备的比率、实际产出增长率和外汇储备增长率对我国金融危机有预警作用。

基于金融机构业务特征的系统性风险度量方法也是一种在学术研究中常用的系统性风险度量方法，该类方法的主要思想为度量金融机构业务特征变量在统计上或实际业务上的相关性，主要方法包括风险管理方法和后续发展出的未定权益分析（CCA）法、GARCH 模型法以及网络模型法。风险管理方法由 Lehar（2005）提出，并由 Gray 等（2007）发展，进一步将 CCA 方法应用到宏观金融风险的监测和分析中，其主要思想为将金融机构资产组合的市场价值假设为状态变量，公司的负债和所有者权益被视为资产的未定权益而被相应定价，并基于此计算金融机构倒闭的可能性，并把这种方法运用到金融系统层面上，度量金融系统整体风险。国内学者中吴恒煜等（2013）、巴曙松等（2013）基于 CCA 方法度量了我国银行体系的系统性风险，宫晓琳（2012b）、苟文均等（2016）则基于该方法研究了引起系统性危机的相关传染情况和实现机制。GARCH 模型法的主要思想是通过度量金融资产收益率的波动性特征，识别金融机构运营的稳定性和系统性风险大小。基于 GARCH 方法所做的研究包括 Schüler 和 Schröder（2003）通过对欧洲银行业务关联性的分析探索其系统性风险大小，而更多的研究则是基于 GARCH 与其他系统性风险度量方法结合而开展，如高岳和朱宪辰（2009）基于极值理论并运用 AR - GARCH 模型对沪综指的尾部风险进行了度量，沈悦等（2014）、李丛文和闫世军（2015）均基于 GARCH - Copula - CoVaR 模型对我国系统性风险进行测度，而刘璐和王春慧（2016）则结合边际预期损失（MES）方法利用 DCC - GARCH 对我国保险业系统性风险进行了研究。网络模型法的主要思想是通过金融机构间相互暴露和交易数据建立网络，进而模拟机构间相互传染的情况，从而测算每个金融机构在网络中积累的系统性风险。网络模型法的主要研究集中于对银行间系统性风险情况的测算，如 Degryse 和 Nguyen（2007）、Cont 等（2013）分别运用此方法研究了比利时和巴西银行业的系统性风险和稳定情况。国内学者基于此方法也多集中于对于银行业系统性风险的度量，如石大龙和白雪梅（2015）、周海林等（2015）、隋聪等（2016）。

基于金融机构与金融系统关系的这一类系统性风险度量方法，主要用于从金融机构这一微观视角出发，度量金融机构对于系统性风险的贡献度。这一类方法主要包括条件在险价值（CoVaR）法（Adrian 和 Brunnermeier，2011）、边际预期损失（MES）法（Acharya 等，2010）、夏普利值（Shapley Value）法、极值理论（EVT）法等。国内学者基于该类方法也有一定的研究，高国华和潘英丽（2011）、陈忠阳和刘志洋（2013）、白雪梅和石大龙（2014）分别基于 CoVaR 方法对我国银行业、证券期货业等机构对系统性风险的贡献度进行了探讨。对于 MES 方法的研究多基于对该方法的扩展展开，如苏明政等（2013）和方意等（2012）均基于该方法的特征，并结合我国实际情况，对其进行了改进。

金融压力指数的概念由 Illing 和 Liu（2006）提出，由于其计算方法灵活，计算结果简便直观，各国监管机构和学者均对这种方法进行了较多的探索，所采用的指标选取方法、模型构建方法和门限值确定方法均存在不同。该类方法的主要代表性研究包括 Illing 和 Liu（2006）采用四种方法为加拿大构建了金融压力指数，Hakkio 和 Keeton（2009）、Brave 和 Butters（2010，2012）、Hatzius 等（2010）均为美国构建了金融压力指数。在我国的学者中，赖娟（2011）、陈守东和王妍（2011）、刘晓星和方磊（2012）等也均基于不同的方法，结合我国的经济和金融特征为我国构建了金融压力指数。

宏观压力测试起源于国际货币基金组织和世界银行所发起的"金融部门评估规划"（FSAP）项目，主要内容为分析在所设的压力情境下金融系统整体所受的影响。作为国际监管组织和各国监管当局所广泛运用的金融稳定评估方法，各监管机构针对该方法的研究也较为领先。Blaschke 等（2001）对各国推进 FSAP 所运用的工具进行了分析和评估，Jones 等（2004）对宏观压力测试进行了一个大概的非技术性的描述，Worrell（2004）则将宏观压力测试、早期预警模型和金融稳定指数这几种方法进行了综合，讨论了一种综合

性的系统性风险度量和预警方法。从实证分析的角度，Drehmann 等（2004）
针对英国的 FSAP 项目进行了宏观压力测试的结果分析。在我国的学者中，曹
麟和彭建刚（2014）基于宏观压力测试的方法设计了一种逆周期资本监管框
架，李江和刘丽平（2008）、华晓龙（2009）、臧敦刚和马德功（2013）均基
于宏观压力测试的方法以贷款违约率作为指标，对我国商业银行的信用风险
进行了度量。

2.2　引发系统性危机的传染性特征

从第 1 章对系统性风险定义的讨论中，可以看出系统性风险的升高能够
增加机构和市场间发生传染的可能性，而大范围的传染则能够引起系统性金
融危机甚至经济危机的爆发。从传染性特征的角度对系统性危机生成机制的
讨论，对于系统性风险的识别和防范均具有重要的意义。

2.2.1　对传染含义的讨论

国内外学者围绕传染（Contagion）这一话题已有较为丰富的研究基础，
然而目前各文献中对于传染并没有形成统一的定义，这也进一步说明了传染
这一现象的复杂性。Dornbusch 等（2000）认为，传染是指当一国或一组国家
受到冲击时，多个市场联系的显著加强，冲击会通过国家间的贸易和金融联
系发生传导，同时宏观经济环境、金融机构、非理性投资者行为、国际金融
代理、国际金融体系均会对传染产生影响。Forbes 和 Rigobon（2002）对传染
的定义与之类似，认为传染是指在一个国家或一组国家受到冲击后，跨市场
间联动效应的显著增强。Allen 和 Gale（2000）则从银行流动性冲击传染的角
度，认为传染由流动性偏好冲击引发，而在一个区域的小的流动性偏好冲击
会通过传染而传播到整个经济体系。Pritsker（2013）分别对传染提出了广义
和狭义两种定义，广义上指一项从一个或一组国家、市场或机构产生的冲击
扩散到其他国家、市场或机构，而狭义上则指除冲击产生了传播外，由该冲
击所引起的各经济指标联动性发生了显著增强。在上述定义中，均把冲击的
发生作为传染发生的必要条件，而 Bekaert 等（2005）和 Boyson 等（2010）
则把传染定义为较高的相关性，这种相关性比能够用经济基本面所解释的相

关性更高。在这种定义中，并没有将冲击的发生作为传染发生的条件。Peri-
coli 和 Sbracia（2003）用更理论化的框架，分别从危机发生概率提高、资产
价格波动溢出、不同国家和市场的资产价格运动相关性增大、传导途径变化
等角度，总结了在文献中出现的对传染的 5 种定义和基于这 5 种定义的度量
方法，并利用一项跨国资产定价模型对危机在国家间的传染机制进行了论述。

　　还有一些文献基于风险的视角对传染进行了探讨，Leitner（2005）将金
融市场中的金融传染风险定义为对一家机构的较小的冲击会通过多米诺骨牌
效应传播到其他机构的风险。Allen 等（2012）则直接把传染描述为一家金融
机构的倒闭在银行间市场和支付系统中通过多米诺骨牌效应或通过资产价格
导致其他机构倒闭的风险。De Bandt 和 Hartmann（2000）把传染和系统性风
险结合起来进行论述，认为传染效应是系统性风险的核心之一，系统性风险
可以被理解为潜在的传染效应，在系统性事件对很多机构和市场产生了影响，
并且导致这一系列机构发生倒闭或市场发生危机时，可以被理解为传染导致
了系统性危机的发生。

2.2.2　跨部门和跨市场传染性特征

　　从理论探讨的角度，很多学者对部门和市场间的传染机制进行了研究。
Allen 和 Gale（2000）提出了一项较为经典的金融网络模型，他们将金融市场
分为完全（Complete）和非完全（Incomplete）两种，在完全市场中，在陷入
困境区域的银行和每个其他区域的银行都存在直接的债权联系，而在非完全
市场中，在陷入困境区域的银行仅和邻近区域的银行存在直接的债权关系，
而他们认为非完全债权结构的市场发生传染的可能性更高。Allen 等（2012）
在同时基于系统性风险和传染的论述中，证明银行之间会通过资产的共同特
征存在联系，这些资产的共同特征会与系统性风险的产生和传染的发生有关。
Leitner（2005）提出，在金融网络中，参与者之间的紧密联系会增加发生传
染的威胁，即提高传染风险，进而可能造成整个网络发生崩溃，然而这种整
个网络发生崩溃的可能性和风险分担之间存在权衡取舍关系，因此存在一种
最佳的网络结构设计。

　　一些文献基于部门和市场之间的传染性特征进行了实证研究。Boyson 等
（2010）在把传染定义为超过经济基本面能够解释的较高的相关性的前提下，

基于不同种类的对冲基金的收益率对传染进行了研究，发现对资产和对冲基金流动性大的负面冲击可以在很大程度上提高发生传染的可能性。在有关更多金融部门传染的研究中，Billio 等（2012）基于主成分分析和格兰杰因果关系网络的关联度度量方法，对涉及对冲基金、银行、证券交易商和保险公司的月度收益进行了分析，发现这四个部门的收益在过去的十年里呈现较强的相关性，这说明金融和保险行业的系统性风险水平也可能会通过这些关系网而相应增加。他们同时认为这种度量方法可以对金融危机时期进行识别和衡量，而且对样本外测试也有较好的效果，此外，他们发现这四个部门的相互关联的程度并不对称，银行在冲击传播方面起了更大的作用。他们在考量了Boyson 等（2010）所考察的银行和交易商收益与对冲基金收益之间传染性的基础上，同时探究了对冲基金对于银行和交易商的因果效应，他们将其称为反向传染的可能性。

我国学者针对跨部门和跨市场的传染也进行了一定的分析。由于我国金融体系以银行为主导，很多学者围绕我国银行间传染效应进行了相应研究。马君潞等（2007）、高国华和潘英丽（2012）、方意和郑子文（2016）等学者均基于银行间资产负债的相互关联进而对银行间传染机制进行了分析。而针对更为广泛的金融机构间传染效应的研究，石大龙和白雪梅（2015）、邓向荣和曹红（2016）均借鉴系统性风险度量方法中的网络模型法对金融机构间的危机传染进行了研究，对不同网络结构中的传染速度、路径、程度等特征进行了分析。除基于微观机构之间业务关联的角度进行研究外，针对各市场之间传染效应的研究也较为丰富。赖娟（2011）通过对各金融市场间的经济联系进行建模，对我国跨市场的传染特征进行了分析，认为我国加入世界贸易组织后银行体系和外汇市场间的传染风险上升，而证券和银行体系之间的传染风险则逐渐变弱。苗文龙（2013）在使用时变 Copula 模型研究并比较了中美德三国的同业拆借市场、证券市场和外汇市场的传染效应后发现，我国金融市场之间存在较为显著的冲击传染效应。而王辉和李硕（2015）则进一步把视野扩展到了金融行业与其他行业的传染效应中，基于扩展矩阵模型对我国房地产业和银行业之间的传染特征进行了分析，并认为房地产业和银行业组成的系统传染速度更快，表现更为脆弱。

2.2.3　跨国传染性特征

有关国家间的传染性特征，一些文献基于单一金融市场间传染的角度展开，以股票市场之间的传染性研究居多。Baele（2005）发现在度量欧洲和美国对于 13 个欧洲股票市场波动溢出程度时，区制转移在统计上和经济上都很重要，并认为贸易联系、股票市场发展和低通货膨胀率均可提高欧洲股票市场的波动溢出程度。Chancharoenchai 和 Dibooglu（2006）利用 GARCH 模型发现在 1997 年亚洲金融危机前后南亚的六个股票市场存在自泰国开始的"亚洲传染"效应。在针对欧洲地区和世界对五个欧洲新兴股票市场波动传导的研究中，Wang 和 Shih（2010）利用具有时变参数的多因素模型发现世界和欧洲地区均具有显著的波动溢出效应，且欧洲地区更强，另外，研究认为经济增长和外汇可以预测一些国家和地区的波动溢出程度。杨柳勇和周强（2012）则针对跨国银行在金融危机国际传染中的作用进行了研究，认为资产证券化和国际金融市场的存在会对金融危机的国际传染和系统性风险的爆发起到较大的作用。

对于他国与中国之间的传染机制，Liu 和 Ouyang（2014）利用结构条件相关模型研究了美国和中国股票市场间的传染机制，他们将传染分为基于信息传导的溢出效应和基于共同外部影响的联动效应两种。结果表明，中美股票市场存在显著的溢出效应，基于两国股票指数收益所构建模型的残差也表现出了动态条件相关性，在金融危机时期相关性更强。刘平和杜晓蓉（2011）利用 Skewt – GARCH 模型和 Copula 函数，发现美国、上海、中国香港三个证券市场在 1997 年危机前后并不具有显著的相关性，而 2007 年则存在传染效应，认为其原因则在于这期间中美两国的经济联系的强化。黄在鑫和覃正（2012）利用 Copula – GARCH – M – t 相关结构模型，研究了中美金融市场的五个证券交易中心股票收益率之间的关系，认为美国和大陆金融市场的冲击传导由中国香港作为路径，即通过国际传导波及中国香港市场，中国香港市场再波及大陆金融市场。

从实际传导上，系统性风险的影响可以波及多项金融市场，甚至于实体经济，因此对于涉及多个市场的系统性风险度量和传染性的研究尤为重要。在系统性风险的度量和识别方法上，从上一部分文献分析中，可以看出主要方法包括金融危机早期预警模型、基于金融机构业务特征和金融机构与金融系统关系的度量方法、金融压力指数法、宏观压力测试等。其中，金融压力指数作为一种简单直观的系统性风险度量方法，通过选取不同金融市场的风险变量综合而成，可以同时反映不同金融市场的风险和金融系统的整体风险。金融压力作为系统性风险的表现形式，其在国家间的溢出效应和相关性分析也是对于传染的重要研究角度之一。针对发达经济体对发展中经济体的传染和溢出效应，Balakrishnan 等（2011）利用为新兴经济体所构建的金融压力指数，发现发达经济体的金融压力对新兴经济体有很强的传导效应，在 2008 年第三季度金融压力达到峰值时尤其如此，并且认为传导的主要途径在于银行借贷。Adam 和 Benecka（2013）分别利用为捷克和欧元区所构建的金融压力指数，基于带随机波动的时变参数回归模型，研究了金融压力在二者之间的传导和溢出效应，结果表明其传导程度与金融压力水平显著相关，而且欧元区主权债务危机对于捷克金融市场的影响十分有限。

2.3　系统性风险的监管效果

由于系统性风险的影响较为广泛，且可能引发传染，一旦其累积到一定水平，便可能导致大规模金融危机的发生，对金融乃至经济体系的正常运转造成很大的负面影响。针对系统性风险的监管，一直以来各国所奉行的微观审慎监管在如今的实践中并不能起到良好的效果，宏观审慎监管日益受到各国监管机构的重视。宏观审慎监管在巴塞尔银行监管委员会、金融稳定理事会、国际货币基金组织等国际监管机构以及一些国家监管机构的监管实践中，有较为全面的政策框架。从国内外实践来看，刘志洋（2017）和廖岷等（2014）将宏观审慎监管政策总结为时间和空间两个维度：时间维度下主要关注信贷的顺周期性问题，主要监管工具包括动态准备金制度、逆周期资本调控制度、贷款价值比率上限、债务收入比率上限、杠杆率和存贷比等；空间维度下主要关注金融机构之间的关联性对金融体系带来的负外部性，其核心在于系统重要性金融机构的监管，主要监管工具包括系统性资本附加要求、恢复与处置计划和风险隔离措施等。而分别针对时间和空间维度的这两类宏观审慎监管措施在防范系统性风险增长方面的作用，各国学者均进行了一定的探讨。

2.3.1 时间维度下监管的有效性

从国内外研究时间维度下宏观审慎监管政策有效性的文献来看，其研究目的主要为探讨宏观审慎政策工具的使用对于系统性风险的影响，相关方法主要包括两种：第一种是基于一般计量经济学的方法，其研究思路主要包括在宏观审慎监管工具使用前后的系统性风险对比分析、监管工具调整和系统性风险之间的回归分析等；第二种是基于新凯恩斯动态随机一般均衡（DSGE）模型的方法。从研究结果看，各学者所得出的结论也并未统一。

一些学者在经过实证研究后发现相关政策工具的确起到了一定的效果。Vandenbussche 等（2012）在对中欧、东欧和东南欧的 16 个国家宏观审慎工具实施效果的研究中，发现时变特征的资本充足率要求和有关信贷扩张和外币融资的动态准备金制度能够在降低房价增速方面起到良好的效果。Kuttner 和 Shim（2016）针对 57 个国家包括宏观审慎监管工具在内的九类非利率政策工具的实施效果进行了研究，重点在于这些监管工具对于稳定房价和限制住房贷款增长方面的作用，并发现债务收入比、贷款价值比、房地产风险暴露限额和房产税均与住房贷款增速有关。于震和张超磊（2015）在通过 HP 滤波分析、BBQ 算法分析等实证方法对探索了日本的信贷周期和经济周期之间的关系，发现日本宏观审慎监管政策能够显著抑制信贷的顺周期性，对传染效应起到了较好的限制作用。此外，还有一些实证研究也均发现贷款价值比率上限、债务收入比率上限和拨备覆盖率等指标在控制信贷规模和房地产价格上涨方面有较好的效果（Ahuja 和 Nabar，2011；Aregger 等，2013）。在使用 DSGE 模型的研究当中，Bailliu 等（2015）使用考虑金融摩擦的 DSGE 模型，基于贝叶斯参数估计的方法对加拿大进行研究时发现，其宏观审慎政策工具能够在金融不平衡的情况下提高福利水平，在存在金融冲击时尤其如此。

然而还有一些研究认为，宏观审慎监管工具是否有效不能一概而论，取决于一定的条件。Lim 等（2011）基于 49 个国家的实证研究数据和面板回归方法，认为贷款价值比、债务收入比、信贷增长限额、逆周期资本缓冲等抑制顺周期性问题的监管工具均能起到良好的效果，但是金融部门所受冲击的类型会影响这类工具的效果，因此针对不同的风险和冲击应使用不同的宏观审慎工具。Suh（2012）利用包含金融加速器的 DSGE 模型进行研究后发现，虽然逆周期资本缓冲可以起到稳定信贷周期的作用，然而贷款价值比这一监管工具在特定部门中的使用却会增强该部门的监管套利行为，从而导致信贷资金从监管强度较高的房地产市场向监管强度较低的商业部门转移。基于非标准的 DSGE 模型，Gelain 等（2013）对货币政策和宏观审慎政策工具对稳定房地产价格的效果进行了评估，发现在房价或信贷增长的情况下，若中央银行直接对利率规则进行调整，会在一定程度上加大通货膨胀的波动性，而若调整贷款价值比率和信贷标准，虽然能够减少家庭债务的波动性，却会造成产出、劳动时间、通货膨胀和消费的波动性，因此他们认为并不存在完美的宏观审慎政策工具。刘志洋和宋玉颖（2016a）在对宏观审慎政策工具实施的国际经验总结的基础上，认为该类政策工具的选择需要符合国家类型和相应的国情，虽然在整体上宏观审慎政策工具起到了一定的效果，但是宏观审慎监测指标的表现尚需进一步提高。

　　针对我国宏观审慎监管对系统性风险防范的效果，国内学者也进行过一定的探讨。廖岷等（2014）采用多元线性模型的方法，对我国存款准备金率、贷款损失准备率、逆周期资本要求、杠杆率和住房贷款价值比等宏观审慎监管工具进行了有效性研究，发现大部分工具均能达到预期的效果，而仅有逆周期资本要求等工具由于受到决策机制影响，对系统性风险指标没有起到较好的限制作用。此外从政策协调效果方面，他们认为我国政策工具组合出现了一定的"政策抵消"或"政策超调"效应，这源于政策决策和协调机制方面的缺陷。梁琪等（2015）基于我国商业银行的数据和系统 GMM 方法，对差别存款准备金动态调整机制和可变的贷款价值比率上限这两大宏观审慎监管工具在限制商业银行信贷扩张、杠杆率变动和对顺周期性影响方面的政策效果，并发现这两项工具能够有效抑制我国银行信贷扩展和杠杆率增大的顺周期性，起到较为明显的政策效果。基于包含金融部门和金融加速器的 DSGE 模型，张敏锋和王文强（2014）运用贝叶斯估计的方法，探讨了贷款价值比这一监管工具在我国的使用效果和使用规则，并发现这一监管工具具有较强的顺周期性，认为基于泰勒形式的贷款价值比规则对于一些资产价格、信贷和 GDP 等宏观经济变量能够作出一定的反应，在降低系统性风险方面有较好的效果。

2.3.2 空间维度下监管的有效性

空间维度下的宏观审慎监管主要关注金融机构之间的关联性对金融体系带来的负外部性，其核心在于对系统重要性金融机构的监管。由于系统重要性金融机构所存在的规模大、关联性强和复杂性强等特点，一旦发生倒闭则会引发大规模金融危机，因此各国监管机构不但对其实行降低融资成本等优惠政策，而且也对其采取了更为严格的监管措施。从国内外文献也可以看出，这类存在"大而不倒"效应的系统重要性金融机构对于金融系统甚至整体经济会产生一定的正向和负向的外部效应。为了降低系统重要性金融机构所带来的负外部性，减少其可能带来的系统性风险，巴塞尔银行监管委员会、金融稳定理事会以及各国监管机构已出台一些法规对系统重要性金融机构的资本充足性提出了更高的要求，目前已形成了较为完整的国际监管框架，监管政策的重点在于提高系统重要性金融机构的资本重组要求和流动性附加。各监管机构对系统重要性金融机构加强监管的目的主要有两点：第一，加强该类银行对未来金融冲击和损失的吸收能力；第二，降低市场对于该类银行在未来发生财务困境时获得各方支持的预期，从而降低这类银行所引发的道德风险问题 (Abreu 和 Gulamhussen，2013)。而综合国内外对于系统重要性金融机构监管效果文献的探讨，也多从这两个角度展开。

针对加强系统重要性金融机构的损失吸收能力的监管方法，已有一些研究围绕国内和国际层面的监管建议和其有效性展开。主要监管建议包括：(1) 通过限定规模、结构和活动范围等方面对系统重要性金融机构加以界定；(2) 通过提高在巴塞尔 II 最低资本标准之上的额外监管要求来降低这类银行和金融机构的倒闭概率；(3) 通过提高这类机构的可分解性 (Resolvability) 来降低其倒闭的成本 (Chan－Lau，2010；Elliott 和 Litan，2011；Ökter－Robe 和 Pazarbasioglu，2010；Ökter－Robe 等，2011；Thomson，2009；Zhou 等，2012)。而在这些监管建议中，提高系统重要性金融机构的资本要求这一点一直存在争论，因为风险加权资本标准会导致更高的逆向系统性冲击，这会促使银行选择吸收资本较少的业务 (Bongini 等，2015)。而且对各种不同类型

的机构采取同一种监管方法也同样存在"一刀切"的问题，基于此，Iwanicz -
Drozdowska 和 Schab（2013）通过分析全球系统重要性银行的财务数据，对金
融稳定委员会和巴塞尔银行监管委员会的监管框架提出了改进建议：应改进
定义全球系统重要性银行的固定指标的含义；各国监管机构应更多地运用定
性的评估方法；应更多地协调会计信息（即所有全球系统重要性银行采用同
样的会计准则）；对全球系统重要性银行的运行要有更为深入的分析。在针对
我国系统重要性金融机构的研究中，王珏（2014）通过函数推导建立了中国
银行业的风险和收益关系，并得到了基于资本充足率和流动性比率的监管有
效区域，且结合我国系统重要性银行的监管情况，认为对其资本监管是有效
的，而对其流动性监管的有效性则较为有限。

　　系统重要性金融机构的监管政策是否能够降低市场预期，可以被理解为
巴塞尔资本协议中的第三支柱，即市场约束在系统重要性金融机构的监管中
是否起到了相应的作用。国内外学者针对系统重要性金融机构以及"大而不
倒"银行监管的市场预期也作出了一定的探讨。针对 1984 年美国货币监理署
将 11 家美国大型银行确定为"大而不倒"银行，进而对其实行存款保险制度
这一事件，O'Hara 和 Shaw（1990）使用事件研究法探索了这一政策对美国
"大而不倒"银行的股价所产生的影响，结果表明这一政策会对这些银行产生
正面的财富效应，而对非"大而不倒"银行则会产生负面影响，同时发现这
些影响与银行的偿付能力和规模有相关性。同样针对 1984 年所确定的这 11
家大型银行，Morgan 和 Stiroh（2005）研究了这些银行的债券评级与债券息差
之间的关系，首先发现这些银行在被确定为"大而不倒"后其信用评级与其
他银行相比提高了一个等级，同时也发现这些大型银行的债券息差和债券评
级的关系在此事件后更为平稳了，这说明投资者对于这类银行的预期比评级
机构更为乐观，因此认为政府部门对于"大而不倒"银行的市场规制效果被
削弱了。Kane（2000）、Penas 和 Unal（2004）研究了 20 世纪 90 年代的一系
列全球银行大型并购事件，均发现通过并购银行所得到的收益和该行"大而
不倒"的标签有关系。针对日本银行业，Pop 和 Pop（2009）通过日本政府救
助理索纳银行（Resona Holdings）这一事件，研究了"大而不倒"的标签对
日本银行业的影响，发现这一事件对大银行有显著的正向财富效应，而对小
银行有负面效应，同时发现在救助宣告日期的后一天，大银行股票出现了显

著的异常交易。他们基于此认为除了监管政策的影响外，"大而不倒"标签也对市场产生了影响，而这一事件对日本对于这类银行的市场约束效果造成了负面的影响。

2008 年国际金融危机后，有关大型银行监管所产生市场反应的研究进一步增多。Brewer 和 Klingenhagen（2010）研究了美国银行机构股价对于金融危机期间出台的问题资产救助计划（TARP）反应，发现对大型银行而言，不论其是否被囊括到 TARP 计划中，其股票均有显著的正的异常收益，说明大型银行表现出了"大而不倒"效应。Schäfer 等（2013）研究了欧洲和美国最大银行的股票收益和 CDS 价差是否对 2009—2011 年的 4 次主要的监管改革产生反应，结果表明这些监管改革成功降低了救助预期，尤其降低了系统性银行的救助预期。利用全球 117 家大型银行的样本，Abreu 和 Gulamhussen（2013）研究了市场对于金融稳定理事会的全球系统重要性银行名单发布所产生的影响，发现在样本中所包含进的该名单中的银行并没有发现异常收益，而对于那些市场参与者认为"大而不倒"但没有包含进名单中的银行也没有发现异常收益，他们据此认为金融稳定理事会对于"大而不到"银行的规制并没有使市场参与者认为这些银行的价值会降低，因此这一举措并没有减少这些大型银行的道德风险。利用 70 家全球大型银行的样本，Bongini 等（2015）在 Abreu 和 Gulamhussen（2013）的研究基础上进行了时间区间的扩展，且增加了监管事件的数量，进一步研究了市场是否对金融稳定理事会和巴塞尔银行监管委员会发布的有关系统重要性金融机构的监管规定和解决"大而不倒"问题的相关规定产生明显的反应，结果表明市场对于系统重要性金融机构的监管规定发布并没有十分明显的反应，然而低资本充足性的银行对于监管事件会产生负超额收益，而高资本充足性的银行则会产生正超额收益。因此他们认为这些监管规定对于降低这些大型机构的负外部性，增强对其的约束方面起到了积极的作用。

在国内有关系统重要性金融机构的相关研究中，已有大量的研究围绕系统重要性金融机构的识别和判定（巴曙松和高江健，2012；范小云等，2012；肖璞等，2012）、系统重要性金融机构的外部效应（徐超，2015；薛昊旸，2013），以及对系统重要性金融机构的监管政策建议（毛奉君，2011；黄孝武等，2012）展开，然而，专门针对我国系统重要性金融机构的监管效果相关研究则较为缺乏。有关我国银行监管效果的研究中，大部分文献均围绕银行业整体监管效果展开。李涛（2003）、江春和许立成（2005）、沈坤荣和李莉（2005）、肖兴志和韩超（2008）等针对我国银行业监管效果已有一定的研究，这些研究均利用我国或跨国银行业数据，选取相关反映监管效果的指标对银行业的整体监管有效性进行研究。在针对我国银行业市场约束有效性的研究中，何问陶和邓可斌（2004）发现资本充足率变化对我国上市银行收益率并不存在显著的影响，即资本充足率并没有成为我国投资者对于银行经营情况的有效判断信号。张正平和何广文（2005）研究了银行存款的利息支出和其风险之间的关系，发现几乎各类银行的实际利率对其风险变化均不敏感，即进一步说明我国银行存款人所施加的市场约束作用较弱。巴曙松等（2010）同样认为我国商业银行市场约束水平较低，市场参与者对于银行风险状况变动并不敏感。段海涛（2011）同时检验了我国存款人市场的约束作用和宏观视角下的市场约束机制，认为我国银行业虽然存在一定的市场约束力，但我国市场约束力整体较弱，银行的整体反应程度也较弱。冯超（2016）运用事件研究法，研究了 2008—2015 年重要的监管改革和外部冲击事件对于我国银行业预期盈利的影响，发现其中 5 个事件对银行业存在负向影响，2 个事件存在正向影响，而 11 个事件无显著影响，并针对各类事件提出了相应建议。针对我国"大而不倒"银行和系统重要性银行监管效果和市场约束的研究则相对较少，所得出的结论同样大多为对相关银行的市场约束作用较弱。马草原和王岳龙（2010）指出，我国公众存在"大而不倒"预期和存款人的"规模偏好"，因此会对小规模银行要求更高利率，在选择上偏向大规模银行，这导致我国市场约束产生了异化，这会造成对银行规模扩张和高风险行为的鼓励。谢懿等（2013）同样发现，我国商业银行规模越大，市场约束作用越弱，同时，其受到外界救助的难度也越大，而且"大而不倒"现象在我国银行业广泛存在。汪航等（2015）研究了我国银行系统重要性程度与资本缓冲和相关利益者之间的关系，发现系统重要性与资本缓冲成负相关关系，与银行股东回报率成正相关关系，同时债务人对系统重要性程度并不敏感，并据此认为股东和债务人并未对银行的系统重要性形成足够的约束，我国的市场约束机制尚需完善。

2.4 总结与评述

由于系统性风险存在严重影响金融甚至经济体系正常运转的可能性，这一问题一直作为各国学者所研究的重点之一。尤其在 2008 年国际金融危机爆发以来，针对系统性风险的研究更为丰富。从系统性风险的度量和预警方法这一角度来看，本书将目前国内外学者已开发出的主要方法总结为金融危机早期预警模型、基于金融机构业务特征的系统性风险度量方法、基于金融机构与金融系统关系的系统性风险度量方法、金融压力指数法和宏观压力测试这五类，而且对于更多方法的研究至今仍在不断进行当中。虽然对于系统性风险度量和预警在学术上已有较多的研究成果，但各类方法的所需数据基础、模型构建、应用条件均存在不同的特点，且实际应用效果在学者的研究中并未形成统一意见，甚至存在争议。从监管机构的实际应用上看，并非所有方法均适合在系统性风险实际监管当中使用，不同的国家根据其不同的金融和经济体系特征以及数据、技术和人才基础等情况所适用的方法也不同。因此，进一步进行不同系统性风险度量和预警方法的全面分析和比较，对其各自的应用特征和应用条件进行分析，这对于监管机构选取适合本国的方法而言具有十分重要的参考价值。尤其对于我国而言，虽然相关学术研究也较多，但目前尚未开发出一套较为完善的监管机构实际使用中的系统性风险度量和预警体系。因此，在对各类方法进行分析和比较的基础上，根据我国实际情况构建适合我国的系统性风险度量和预警方法，并基于此对我国系统性风险的实际水平进行分析，对学术成果的补充和监管当局对系统性风险监管实践的开展都具有重要的意义。

而传染作为引发系统性危机的重要机制，从跨机构、跨市场和跨国传染的角度各国学者均进行了一定程度的研究，旨在为防范传染效应，降低系统性风险提供参考。对我国而言，从理论探讨的角度，在前人所做研究的基础上对可能引发我国系统性危机的传染渠道和机制进行全面梳理和分析十分必要。从实证研究的角度，在针对我国的跨市场和跨机构传染效应和传染风险的研究中，专门针对银行间基于资产负债等业务关系的角度研究传染的实证分析较多，而针对跨市场传染的实证研究还存在补充的空间。从有关跨国传染的相关研究上看，大多数文献选取单一市场的国家间传染的角度开展，所选取的方法大多为 GARCH 相关结构模型，而系统性风险作为影响整个金融体系的风险，从多市场以及金融体系整体视角对跨国传染进行研究也是重要的研究视角，可以进一步基于此对现有成果进行补充，这对理解传染机制和防范跨国金融危机的发生均具有重要价值。

而对于系统性风险监管效果同样值得进一步研究。宏观审慎监管作为降低系统性风险的重要监管框架，各国学者已围绕这一话题开展了大量的研究。对于其监管效果而言，从时间维度的监管政策出发研究其效果的文献较多，然而其结果各学者并未形成统一意见。从空间维度的监管政策出发，即从系统重要性金融机构这一视角出发其监管效果的研究尚需进一步补充。尤其对于我国而言，虽然围绕银行业整体监管效果和市场约束状况的研究较多，然而专门围绕系统重要性金融机构的监管效果和市场约束状况的研究则相对较少。由于系统重要性金融机构所存在的复杂性特征，其倒闭可能会引发整个金融体系的不稳定，因而监管机构一方面对其采取扶持政策，另一方面又对其进行更为严格的监管措施。从这一点可以看出，系统重要性金融机构存在道德风险和负外部性等问题，而一些研究已表明我国市场甚至对金融机构存在"规模偏好"，这进一步加大了对这类机构的监管难度。因此，专门针对系统重要性金融机构的监管效果开展研究，对理解这类机构的特征，以及我国宏观审慎监管体系的构建均能起到一定的作用。张敏锋和李拉亚（2013）也指出，由于宏观审慎监管的理念提出时间较晚，实施时间较短，因此有关其实施效果的研究尚不充分，已有的模型和数据尚不完善，一些研究结论尚存一定争议，还需进一步研究以补充相应成果。

第3章 系统性风险度量和预警方法的分析与比较

系统性风险度量和预警方法的学术研究和实践应用的发展均十分迅速，目前相应的研究仍在持续进行当中。第 2 章的文献综述中将目前国内外学者已开发出的主要方法总结为金融危机早期预警模型、基于金融机构业务特征的系统性风险度量方法、基于金融机构与金融系统关系的系统性风险度量方法、金融压力指数法和宏观压力测试这五类，这五类方法在所需数据基础、模型构建、应用条件和应用效果等方面均存在不同的特点。本章选取以上所总结的五类系统性风险度量和预警方法，分析其各自的特征和适用情况，并对这几类方法进行比较，为各国学者和监管机构选择适合本国的系统性风险度量和预警方法提供参考。

3.1 金融危机早期预警模型

传统的金融危机早期预警模型（Early Warning Indicators，EWIs）主要包括 FR 模型、KLR 模型、STV 模型以及 DD 模型等。这些模型主要通过研究历史上危机事件的特征，选取一系列先行经济指标构建综合指标，并根据历史上危机发生时的相关数据确定其门限值，从而计算出金融危机发生的概率，通常采用离散分布计量方法。在该类模型中，系统性风险的大小通过金融危机事件发生的可能性来测度，并提供给监管机构参考，国际上相应的研究大多基于以下公式：

$$prob(Crisis_{it} = 1) = F(X_{it}B) + e \qquad (3-1)$$

其中，$Crisis_{it}$ 为虚拟变量，危机发生时取 1，其余时间取 0。X_{it} 为宏观经济变量矩阵，包含变量 GDP 增长率、政府赤字、通货膨胀率等。此外，多元回归模型也是该类预警模型中常用的计量方法。下面分别简单分析几个主要的早期预警模型。

3.1.1　FR 模型

FR 模型由 Frankel 和 Rose（1996）提出，他们使用 1971—1992 年超过 100 个发展中国家的数据，来描述货币危机的特征，并把"货币危机"定义为名义汇率至少贬值 25%，并且比上一年度的贬值率高 10%。他们将所选取的变量分为四类：国外变量（如外国利率和产出）、国内宏观经济变量（如产出、货币和财政冲击）、外部变量（如经常性账户和债务水平）和债务的构成，并认为当产出增长率较低、国内信用增长率较高，或外国利率较高时货币危机更易发生，且外商直接投资与债务比率越低，货币危机发生概率越高。

FR 模型的特点在于需提前对危机的识别和特点有一定的把握，才能选取合适的指标来衡量危机发生的概率，同时该模型中经济指标的选取较为主观，对危机的预警也不够精确，因此限制了该模型的推广。

3.1.2　KLR 信号分析法

KLR 信号分析法由 Kaminsky 等（1997）提出，该模型的特点在于选取一系列的预警指标，根据其历史数值特征设定门限值，一旦指标的数值超过门限值，则认为发出了预警信号，预示着未来 24 个月内将会有货币危机发生。在选取指标时，他们采用了噪音信号比这一标准，用以判断该指标是否能在未来 24 个月内准确预测危机的发生，这也是该方法中较为有特色的一项指标，被之后的学者广泛应用。KLR 方法将噪音信号的结果分为四种情况，如表 3-1 所示。

表 3-1　　　　　　　KLR 方法的预警指标发出信号的情形

	发生危机（24 个月内）	未发生危机（24 个月内）
发出信号	A	B
未发出信号	C	D

资料来源：Kaminsky 等（1997）。

其中，A 表示预警指标发出正确信号的月份数量，B 表示预警指标发出错误信号（或称为"噪音"）的月份数量，C 表示预警指标应发出但未发出信号的月份数量，D 表示预警指标不应发出且未发出信号的月份数量。为度量指标的预测能力，Kaminsky 等（1997）提出了五种指标，分别为：A/（A +

C）；B/（B＋D）；［B/（B＋D)］/［A/（A＋C)］；A/（A＋B）；（A＋
C）/（A＋B＋C＋D）．前三种指标分别表示发出正确信号的比例、发出错误
信号的比例、调整后的噪音信号比，后两种指标均表示危机预测比。这五种
指标均可用于判断指标的危机预测能力，在后续研究中各学者也根据需要选
取合适的指标进行计算和分析。Kaminsky 等（1997）在经过对所挑选的预警
指标进行研究后，最终选取的最佳预警指标包括出口、实际汇率的偏离、广
义货币与国际储备总额之比、产出和股票价格。

KLR 模型的预警指标选取标准较为客观，原理和方法较为简单且易于理
解，因此相应的研究和实践较为丰富。我国学者中，史建平和高宇（2009）、
肖敬红和闻岳春（2013）分别利用 24 个发展中国家的数据和我国的数据，对
KLR 预警模型进行了实证检验，认为该模型预警效果较好。苏冬蔚和肖志兴
（2011）利用 KLR 模型和 Logit 概率模型，发现国内信贷规模与 GDP 的比率、
广义货币（M2）与外汇储备的比率、实际产出增长率和外汇储备增长率对我
国金融危机有预警作用。然而，KLR 模型的缺点在于，随着经济的运行，预
警指标和其门限值的选取有可能发生变化，同时预警时间 24 个月的选取也较
为主观，导致该模型在实际运行中需经常调整，影响预测的精确性。同时朱
元倩和苗雨峰（2012）指出，由于该模型仅关心指标是否能够对危机进行预
警，作为解释变量的复合指标仅表现为两元信号，导致原指标的一些动态信
息在使用中有所缺失。

3.1.3 STV 模型

STV 模型由 Sachs 等（1996）提出，他们从 1994 年爆发的墨西哥比索危
机中发现金融危机的一些特点，利用 20 个新兴市场的数据，分析了这些市场
所面临的“龙舌兰酒效应”（Tequila Effect）。他们认为在金融危机开始前，
已经存在一些金融现象和行为可以预示危机的发生，这些行为包括对实际汇
率的高估、借贷高峰的产生，同时伴随着低储备和中央银行的短期承诺，并
且金融基础设施较弱的国家更易发生危机。他们利用所选取的一些与金融危
机发生相关的金融变量，利用多元线性回归模型，探索了这些变量对金融危
机发生的影响。

STV 模型与 FR 模型所用原理和方法较为类似，均是根据金融理论和危机

特征选取一些指标，并分析这些指标对于金融危机发生的影响，所运用的模型较为简单直观，但是也同时会影响其对危机预测的精确性。

3.1.4　其他预警方法及对预警模型的评析

其他早期金融危机预警模型还包括 DD 模型（Demirgüç – Kunt 和 Detragiache，1998）、发展中国家研究组（Developing Country Studies Division）在1999 年所提出的 DCSD 模型等，这些模型的主要思想均为基于金融危机特征的分析，选取一些能够反映金融危机的变量和影响危机发生的变量来探索金融危机的先期预警方法，所选用的分析模型一般为 Probit/Logit 模型或多元线性回归模型。

该类模型运用的关键步骤包括对于预警指标选取、模型的设定和门限值设定的合理性等。在指标选取方面，这类模型均是基于金融理论和金融危机的经验总结选取指标，而 KLR 模型的选取标准相对客观，Kaminsky 等（1997）所提出的"噪音信号比"这一指标精确度度量方法也在监管实践和学术领域得到了广泛运用，其他系统性风险度量的指标选取也可结合这一方法加以改进。而在模型和门限值的设定方面，该类模型均是基于经验数据和其统计上的性质，所选取的模型较为简单。在模型的运用方面，不同的模型侧重不同的金融危机特征，其预警结果可以相互结合使用。张元萍和孙刚（2003）分别利用 STV 模型和 KLR 信号分析法对我国金融危机的预警方法进行研究时发现，两个模型所得出的结果直观上是相互矛盾的。究其原因，他们认为，STV 模型主要侧重金融危机的传染性，主要用于探索诱发金融危机发生的主要因素，而 KLR 信号分析法则侧重于研究风险主要聚集于金融系统的哪一方面。这两个模型所研究的角度不同，可以相互联系使用。

随着对金融危机理论和系统性风险的研究逐步深入，使得学者对于金融危机和系统性风险的传染性、关联性和外部性等特征更为重视，突出机构和市场间关联性这一特征的系统性风险度量方法在后续文献中逐步得到体现。

3.2　基于金融机构业务特征的系统性风险度量方法

该类方法主要基于金融机构的业务特征，从机构间传染性的角度度量其面临的系统性风险的大小。所运用的方法是度量金融机构特征变量之间从统计上或实际业务上的相关性，运用范围大多为银行系统，即探讨银行系统的系统性风险。该类方法的主要特点是对金融机构微观层面的数据要求较高，同时对技术手段也有较高的要求。

3.2.1　风险管理方法和未定权益分析（CCA）法

系统性风险测度的风险管理方法由 Lehar（2005）提出，该方法将银行的内部风险管理方法运用到银行系统层面上，从监管者的角度度量组合的风险。在该方法中，银行资产组合的市场价值 V 被假设为状态变量，公司的负债和所有者权益被视为资产的未定权益，并被相应定价。该方法基于 Black 和 Scholes（1973）和 Merton（1973）的思想，并与测量信用风险的 KMV 方法类似。该方法假设资产价值服从几何布朗运动，利用所有者权益 E、债务价值 B、债务期限 T 可以得到资产价格的表达式，并利用极大似然估计法估计资产价值波动率 σ 和资产收益率 μ 这两个参数。此外，风险管理方法定义了基于资产的系统性风险指数 SIV（ξ）和基于银行数量的系统性风险指数 SIN（φ），前者代表在一定的时间区间内，在整个银行系统中资产占比超过百分比 ξ 的银行同时发生倒闭的可能性，后者代表在一定时间区间内，超过百分比 φ 的银行同时发生倒闭的可能性，这两个指数均通过蒙特卡洛模拟方法来估计。Gray 等（2007）将 Lehar（2005）所提出的风险管理方法进一步发展，将未定权益分析（Contingent Claims Analysis，CCA）方法用于分析并管理一个国家整体金融风险，拓展了 CCA 方法从微观到宏观的应用范围，他们以经风险调整的财务报表作为分析工具，能够体现出对于外部冲击的敏感性。从国家层面上，他们将金融部门视为资产、负债和隐性或显性保证的资产组合，而他们所应用的 CCA 方法可以捕捉到"非线性"关系以估计风险在系统中是如何累积并导致危机的爆发，并能够定量度量机构之间资产负债错配所产生的效应。该方法基于经风险调整的 CCA 资产负债表，能够通过模拟和压力测试方法评估政策所带来的潜在冲击，进而衡量系统性风险。Lehar（2005）和 Gray 等（2007）所研究的 CCA 方法基本原理由宫晓琳（2012a）总结为图 3 - 1 所示，反映出了资产价值在时间区间 H 内的随机波动，其不确定性体现为在时间区间 H 内的概率分布，而一旦期末资产价值低于到期债务，财务危

机就会相应发生，图中的 DD 表示为财务危机距离，该距离越短，财务危机发
生概率就越大。

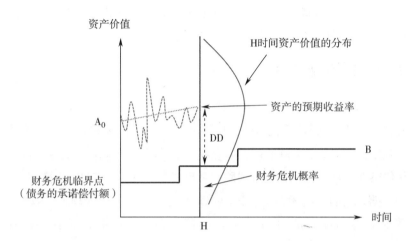

资料来源：宫晓琳（2012a）。

图 3 - 1　资产价值与财务危机概率的关系

　　宫晓琳（2012b）将 CCA 方法运用于探索危机的传染和系统性风险的演
变机制当中，通过所构建的 3 个宏观金融风险度量指标，分析了在负面冲击
下危机传染的状况和实现机制，同时揭示了资产—负债表和其他波动率相似
的金融资产组合构成的危机传染渠道。这一研究不仅将 CCA 方法运用于宏观
风险的度量，也将该方法扩展到对于引发系统性危机的传染机制的分析当中，
为监管和控制系统性风险的不良演变提供了政策参考。

　　风险管理方法和 CCA 方法对数据和技术要求均较高，需要大量银行微观
层面的数据进行参数模拟和估计，因此在数据基础较差、技术水平较低的发
展中国家实施较为困难。此外，赖娟（2011）指出，由于对系统性风险发生
的诱导因素和系统性风险的定义各个国家存在不同，因此该方法的运用中，
对负债超过资产定为多大程度、持续多长时间才能判定为银行倒闭，以及多
少家银行倒闭才能判定为系统性危机的发生，发达国家和发展中国家均存在
不同，对其判断需要经验总结。因此，该方法适用于拥有丰富经验数据和更
高技术手段的发达国家。CCA 方法将风险管理方法进行了拓展，其使用范围
更为广泛，可以从中央银行的视角出发，从更为宏观的角度分析金融部门的

宏观风险测度，该方法也能够进一步应用于分析引发系统性危机的综合传染机制和渠道，为监管部门防范危机的不良传染和演变提供参考。然而由于其对技术和数据要求较高，是一种较为前沿的研究，该方法尚处于发展探索当中，相应的理论和实证研究尚需进一步补充。

3.2.2　GARCH 模型法

广义自回归条件异方差（GARCH）及其相关模型主要度量了金融资产收益率的波动性特征，从而识别金融机构运营的稳定性，以反映系统性风险的大小。同时，利用多元 GARCH 模型还可以度量机构和市场之间收益序列的相关性特征，从传染性的角度识别系统性风险。从已有研究来看，GARCH 模型主要分为两类，一类为 Engle（2002）所开发的动态条件相关模型（DCC）－ GARCH 模型，另一类为 Hamilton 和 Susmel（1994）所提出的状态转换 ARCH 模型（SWARCH）。Schüler 和 Schröder（2003）利用双变量 GARCH 模型估计了欧洲银行股票指数之间的条件相关性，以测度欧洲银行业务之间的关联性，主要考虑变量为国家股票市场指数的影响和短期利率，这种关系主要由 GARCH 模型的残差序列之间的线性相关性体现，这是由于残差可以主要反映银行的特定因素，从而反映系统性风险的程度。在一些学者的研究中，经常将 GARCH 模型与其他度量方法，如条件在险价值（CoVaR）法、边际预期损失（MES）法、极值理论（EVT）法和 Copula 函数法等进行结合以开展系统性风险度量的研究。

利用 GARCH 模型度量系统性风险，能够较好地刻画金融机构实际收益的波动性，体现其结构性变化。然而从 GARCH 模型的运用来看，该方法所研究的系统性风险主要体现为各家金融机构之间的传染性特征，而没有考虑宏观冲击从而导致一些金融机构同时发生倒闭这一系统性风险的"影响广泛性"特征。同时，与风险管理方法类似，GARCH 模型的运用主要集中于单一金融机构系统，多为度量银行业系统的系统性风险，而较少同时关注多类型金融机构的风险特征。同时，该方法对于微观数据的要求也较高。

3.2.3　网络模型法

网络模型法运用金融机构间资产负债的相互风险暴露研究系统性风险，其主要思想是通过金融机构间相互风险暴露和交易数据建立网络，进而模拟冲击相互传染的情况，从而测算每个金融机构在网络中积累的系统性风险。
Allen 和 Gale（2000）认为，银行间市场的网络结构可以用来判定整个系统的
关联度情况，从而对系统性风险有着第一位的影响。该方法主要基于银行间
市场展开，认为银行间的关联方式可以影响冲击的传染，该方法的主要思想
为，由于银行间存在的信贷业务关系，单家银行的倒闭会给其他银行带来流
动性冲击，而所产生的损失一旦超过资本综合，则导致该银行的倒闭，而通
过风险暴露矩阵，可以测算出由此倒闭的银行家数。该方法的关键在于对风
险暴露矩阵的测算。此外，Muller（2003）提出，银行间市场存在着一个或者
几个银行间交易的中心点，这些中心点与多家银行存在潜在的传染渠道，网
络模型法应能够识别不同银行类型所对应的网络结构，根据不同的网络形状
测算银行间传染，进而判断银行之间的相关性和银行关系结构对银行体系所
存在的影响。图 3 - 2 为由国际货币基金组织（IMF）（2009）所总结的银行
间冲击传染的网络分析示意图。

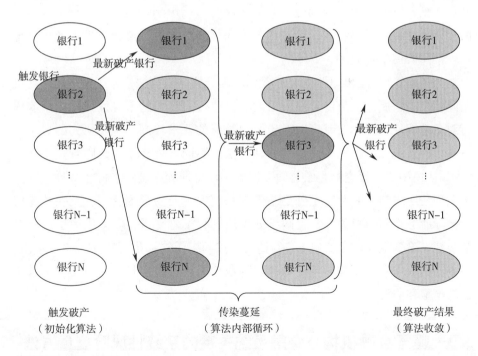

资料来源：IMF（2009）。

图 3 - 2　银行间冲击传染的网络

网络模型法方法的代表性研究包括 Upper（2007）通过衡量金融机构倒闭对金融系统产生何种影响来确定金融机构的系统重要性、通过模拟市场间的传染效应来判定系统中的潜在损失。Segoviano 和 GoodHart（2009）提出一项测量一家金融机构系统重要性的指标，即在这家机构发生困境的情况下其他一家或多家机构也发生困境的可能性。Degryse 和 Nguyen（2007）通过研究比利时银行间市场的关联性，来研究整个银行系统的脆弱性。Cont 等（2013）运用更为详细的巴西银行间市场数据，研究巴西银行市场 2007—2008 年间的稳健性。而借鉴此种方法，Memmel 和 Sachs（2013）通过对德国银行间市场的分析，认为银行在整个金融系统的损失分布可以通过一个指标来衡量，并且得出银行资本比率、银行间系统的资产占总资产的比重、违约损失率以及银行间市场风险暴露分配的均衡程度可以作为这一指标的构成要素，从而基于此衡量银行对整个系统性风险的贡献程度。利用网络分析法的思想，范小云等（2012）通过建模分析，认为一家银行破产导致的最终破产银行和系统性损失可分解成两个组成部分：第一部分为直接影响，与其他银行在该银行的资产头寸和损失率相关；第二部分为间接影响，源于该银行破产导致其他银行倒闭的传染效应。

与风险管理方法和 GARCH 模型法类似，网络模型法多基于银行间市场机构间相互联系展开，从传染性的角度度量银行间市场的系统性风险或单家银行对于系统性风险的贡献度，对于微观数据的要求较高，主要研究的也是银行系统的系统性风险程度。与这两种方法的不同之处在于，风险管理方法和 GARCH 模型法所研究的是银行间数据的统计特征和在统计上的相关性，而网络模型法所用的风险暴露矩阵是基于银行间实际交易数据建立，反映的是银行实际业务之间的相关性，且网络分析法有利于监管者在实际操作层面上对系统性风险贡献度较大的银行进行监管。然而朱元倩和苗雨峰（2012）指出，该方法的缺点在于没有对系统性风险的诱导因素进行定量描述，其论述基于的是模拟和假设。

3.3 基于金融机构与金融系统关系的系统性风险度量方法

该类方法可以理解为一类微观与宏观相结合的系统性风险度量方法，多用于度量金融机构对系统性风险的贡献度，作为系统重要性金融机构识别的重要指标，对于金融监管有重要的实践参考价值。而对于宏观系统层面的系统性风险度量所包含的几种方法中，除夏普利值法外，大多方法并不能得出较为精确的度量，也是该类方法应用的局限性所在。同时，该类方法多基于数据量较少的尾部风险的度量，容易造成风险的高估。

3.3.1 条件在险价值（CoVaR）法

在险价值（Value at Risk，VaR）作为度量风险的重要方法，考察在一定的市场条件下，给定置信水平和持有期，单一资产或投资组合所面临的最大损失。度量 VaR 的传统方法包括方差—协方差法、蒙特卡洛模拟法、历史模拟法等。在 VaR 方法的发展中，有很多学者针对其特点进行了改进，力求克服其非一致性风险度量、对尾部风险估计不足等缺点，并扩展其应用范围。条件在险价值（Conditional Value at Risk，CoVaR）作为对 VaR 方法的重要改进，由 Adrian 和 Brunnermeier（2011）提出，CoVaR 是指某个金融机构陷入危机条件下整个金融体系的在险价值，其可以用来衡量单个金融机构陷入危机时的溢出效应。从数学的角度，$CoVaR_q^{j|i}$ 表示当金融机构 i 发生某项事件 $C(X^i)$ 时，金融机构 j（或者金融体系）的 VaR 值。用数学表达式表示为

$$\Pr(X^j \leqslant CoVaR_q^{j|C(X^i)} \mid C(X^i)) = q \qquad (3-2)$$

其中，X^i 表示金融机构 i 的随机变量，q 为分位点。金融机构 i 对金融机构 j 的风险贡献度为

$$\Delta CoVaR_q^{j|i} = CoVaR_q^{j|X^i=VaR_q^i} - CoVaR_q^{j|X^i=Median^i} \qquad (3-3)$$

某个金融机构对系统性风险的边际贡献则表示为 CoVaR 与金融体系 VaR 的差 $\Delta CoVaR$，该指标可测度单个机构的系统重要性。具体操作中，这个边际贡献常常表示为

$$(\Delta CoVaR/VaR) \times 100\%$$

CoVaR 在金融机构层面用于度量单一机构对于系统性风险的溢出效应和贡献度，在金融市场层面可以度量在某个金融机构发生风险事件时整个金融系统的系统性风险的变化情况。运用 CoVaR 的方法测度金融机构系统重要性和风险溢出效应的研究十分丰富，比如 Roengpitya 和 Rungcharoenkitkul（2010）、Castro 和 Ferrari（2014）、肖璞等（2012）分别对于泰国、欧洲和中

国的金融机构系统性风险贡献度研究。也有另一些有关 ΔCoVaR 的研究对原始的 ΔCoVaR 进行了微小改动，比如 Girardi 和 Ergun（2013）将用 CoVaR 衡量的一家机构的条件金融困境视为当该机构的绝对损益大于其 VaR 时的情形，而不是等于 VaR。他们通过研究美国的四家金融集团对金融机构系统性风险的贡献度，发现存款机构对系统性风险的贡献度最大。也有另一些研究对 ΔCoVaR 的方法进行了扩展。Wong 和 Fong（2011）通过研究 11 个亚太地区国家之间的关联性，估计了亚太地区银行信用违约互换（CDS）的 CoVaR，结果表明对于研究的大多数经济体在有条件的度量方式所测度的风险要显著高于传统的没有考虑条件所测度的风险。Adams 等（2014）提出一种与依据状态敏感性 VaR（SDSVaR）的方法，来测度系统重要性金融机构的溢出效应，并认为对冲基金在对其他金融机构传递冲击方面扮演了重要角色。

从实际研究和运用上来看，CoVaR 方法主要用于计算金融机构对于系统性风险的贡献度，从而识别金融机构的系统重要性，对于监管当局监管系统重要性金融机构而言具有较大的参考作用。但使用 CoVaR 测算金融机构的系统重要性仍存在一些问题。Tarashev 等（2010）认为，CoVaR 的一个主要问题是其不具备可加性，即从某种意义而言单个机构的系统贡献加总不等于系统性风险的总测度。

3.3.2　边际预期损失（MES）法及其扩展

边际预期损失（Marginal Expected Shortfall，MES）方法由 Acharya 等（2010）提出，该方法可以反映出系统性风险对单个金融机构相对规模变化的敏感程度，计算以预期损失（Expected Shortfall，ES）为代表的系统性风险关于单个金融机构权重的一阶导数。与 CoVaR 方法类似，该方法的主要目的在于度量和定价金融机构对系统性风险的贡献程度，多用于系统重要性金融机构的识别。

但在实际应用中，MES 方法存在并没有将机构的特征考虑在内等问题（Banulescu 和 Dumitrescu，2015），因此，后续学者的研究基本是围绕 MES 的改进方法展开。Brownlees 和 Engle（2012）将 MES 扩展为 SRISK 方法，将金融机构的规模和杠杆考虑在内。SRISK 方法用来测度一家机构在危机当中在整个金融系统内的资本损失情况，这一测度方法包含了长期 MES、市场价值、负债等因素。Brownlees 和 Engle（2012）认为这一方法可以像国际清算银行和金融稳定理事会所定义的方法一样将系统重要性金融机构识别出来，而其优点在于可以进行高频（日度）计算并且没有成本。然而 Banulescu 和 Dumit-rescu（2015）认为，实际上，SRISK 方法包含了高频市场数据（日度股票价格和市场资本金）和低频资产负债表数据（杠杆），为了能够提供该测度方法的日度预测，Brownlees 和 Engle（2012）只能假设一家机构的负债在危机期间是保持不变的。为了克服 MES 和 SRISK 的缺点，Banulescu 和 Dumitrescu（2015）提出一种成分预期损失（Component Expected Shortfall，CES）的方法，用来测度一家机构对于金融系统 ES 的"绝对"贡献度，CES 相当于 MES 和金融机构在金融系统内权重的乘积，拥有更大 CES 的机构对系统性风险的贡献度越大，而且易于将金融机构内风险进行分解（用 ES 衡量）。他们也通过实证分析证明 CES 的确能够识别出 2007—2009 年金融危机时期系统性风险贡献度较大的机构。

　　在国内研究方面，苏明政等（2013）也认为 MES 方法在衡量单个金融机构的风险特质（如规模、杠杆等）方面并不具体，仅能用于反映相对的边际变化，所得出的结论也常常值得商榷。比如仅由于市场波动程度高，MES 方法可能将一个规模小、杠杆度低的金融机构所衡量出的系统重要性高于一个规模大、杠杆度高的金融机构。此外，MES 不满足可加性，这使得精确判断单个金融机构的系统重要性存在一定困难。基于此，国内学者使用 MES 衡量金融机构系统重要性时也结合我国金融机构的特点，对该法进行了改进。方意等（2012）参考了 Brownlees 和 Engle（2012）的思路，运用 DCC－GARCH 模型分别估计了 MES 的组成部分：金融机构的动态波动率及其市场收益率的动态相关性。通过实证检验，文章发现影响金融机构系统重要性的三个重要因素为规模、杠杆率和边际期望损失，同时发现我国证券公司和保险公司杠杆率较小，因此系统性风险不高，而部分大型商业银行和大部分股份制商业银行杠杆率较高，因此系统性风险较高，同时，对商业银行而言，衡量系统重要性也不能以规模作为单一标准。苏明政等（2013）使用了 CES 法，该方法用于衡量单个金融机构市场权重发生变化时，系统性风险发生的整体变化，即单个金融机构对系统性风险的整体贡献。该方法考虑了机构权重要素对系统性风险的作用，从而避免得出规模小、杠杆率低的机构成为系统重要性金融机构的结论。文章使用 TARCH 模型模拟系统与机构的波动率，并借鉴 Cappiello（2006）的方法用 AG – DCC – MVGARCH 模型估计单个机构间的动态相关系数。

MES 方法与 CoVaR 方法类似，均是基于金融机构与金融系统之间的关系，多用于度量金融机构对于系统性风险的贡献度。然而由于 MES 方法没有将金融机构规模因素和其他风险特质考虑在内，同时与 CoVaR 类似，也存在不满足可加性等问题，不十分适用于在宏观层面上对系统性风险的整体度量。

3.3.3　夏普利值（Shapley Value）法

夏普利值（Shapley Value）法是在合作博弈中将整体合作后产生的收益或成本在每一个体间公平分配的方法，其分配是根据每一个体对整体贡献的大小来进行的。Shapley（1953）最早构建这一指标用来分析市场博弈中某一参与方对整体的影响力。在金融系统内，因为每家机构都在为系统性风险"贡献"着自己的力量，而且系统内的所有个体在系统性风险的生成中也处于合作状态，所以夏普利值法可以被应用在金融系统内。从博弈论的角度，Navarro（2007）证明了夏普利值法在金融网络各个组成部分中存在普遍外部性的情况下，是一项有效且公平的分配规则。

夏普利值法的代表研究包括，Tarashev 等（2010）提出银行规模、机构自身的违约概率和对共同风险因子的风险暴露可以以一个非线性的形式来判定金融机构对系统性风险的贡献度。Gauthier 等（2010）将包含夏普利值法的几种不同的系统性风险度量方法运用于五家加拿大银行，并作了比较，认为在银行系统中加强监管，使用系统性资本分配相关机制可以有效降低银行的违约概率。Drehmann 和 Tarashev（2013）利用夏普利值方法，提出系统内有关联的银行的系统重要性评估方法，将银行对整个系统的冲击和对冲击的脆弱性程度考虑在内，认为银行间的关联性是其系统重要性的关键驱动因素。国内研究方面，贾彦东（2011）利用夏普利值法衡量了银行对系统性风险的"间接参与贡献"，并将其与其他指标综合得到了对银行系统重要性的排序。徐芳和张伟（2014）选择以杠杆度即资产风险暴露与资本的比率来定义银行的位置，以二维杠杆空间为例进行了关于利用夏普利值法分析银行系统重要性的研究。

作为主要目的同样是度量金融机构对于系统性风险贡献度的方法，夏普利值法的优势在于其具有可加性，将单个金融机构的系统重要性加总可得整体系统内的系统性风险大小，并作为宏观审慎资本分配要求的参考，其缺点在于计算量较大。

3.3.4 极值理论（EVT）法

极值理论（Extreme Value Theory，ETV）方法主要对接近极值且能用于极端事件预测的处于中间水平的数据进行建模。极值理论中所研究的尾部分布可以用于对系统性风险中尾部风险的衡量，该类方法通过未达到危机状况的尾部事件来对金融机构所引起的金融危机进行估计，能够对存在尖峰、厚尾现象的资产收益率序列的尾部分布进行模拟分析，进而解决了估计时数据不足的问题。

该方法的代表研究包括，Zhou（2010）通过研究系统影响指数来测度当一家银行倒闭的情况下，在银行系统内其他银行倒闭的预期数量。这一方法可以提供当一家银行倒闭时其他银行所受影响的程度，这一系统影响指数却不足以确定银行对系统性风险的贡献度。Gravelle 和 Li（2013）通过运用多维极值理论的方法，为评估金融机构或一组金融机构的系统重要性提出了一套基于市场的度量指标，从而衡量金融机构对整个金融系统的风险贡献程度，并以此识别出加拿大银行部门中的系统重要性银行和给加拿大银行部门带来风险的其他国家的主要金融机构。国内研究中，严兵等（2013）利用极值理论模型，模仿 Zhou（2010）和 Peeters（2011）的做法分别设计了系统影响指数和附带破坏指数两个指标。同时利用 Huang（1992）提出的稳定尾部相依函数（L 函数）来计量银行之间的相互依赖关系。鉴于 EVT 方法需要大量的样本数据，文章选取了 A 股上市银行的股票收益率作为研究对象，研究表明仅使用系统影响指数来评判国内银行的系统重要性程度时，与实际情况相比可能会出现较大偏差；附带破坏指数能很好地反映出规模对银行系统重要性的影响。

覃筱和任若恩（2010）指出，与极值理论所关注的重点一致，系统性风险主要关注的也是尾部风险，同时条件极值法是针对多维随机向量中的一个或几个分量为极值的情况，探索随机向量的条件渐进分布，因此联合尾部和条件极值的统计方法，可以为系统性风险的度量提供依据。在极值理论的实际应用和研究中，与以上几种方法类似，该方法同样多用于金融机构的系统性风险贡献度和与金融系统的反馈关系度量，以反映机构的系统重要性。然而与尾部度量方法的特点一样，极值理论法主要依赖于数量较少的极端数据估计，容易导致尾部风险的高估。

基于金融机构和金融系统关系的系统性风险度量方法还包括风险倍率扩增（Risk Amplified Index）法、Copula 函数法、CoRisk 模型法等，也有较为丰富的研究成果。

3.4　金融压力指数法

金融压力指数（Financial Stress Index，FSI）的概念由 Illing 和 Liu（2006）首次提出，即基于子系统指标综合建立，用于监测系统性风险状况的综合指数。由于其具有计算方法灵活、计算结果直观的特点，逐渐发展为度量系统性风险的重要方法之一。在美国，由 Hakkio 和 Keeton（2009）构建的堪萨斯州金融压力指数（KCFSI）以及 Brave 和 Butters（2010，2012）构建的国家金融状态指数（NFCI）已经正式发布实时数据并用于监测美国的系统性风险状况。金融压力指数的构建主要包括两个主要步骤：一是对基础指标的选取；二是对指标基于一定的统计方法加以综合，最终计算出一个综合指数。这两个步骤在具体实施中都较为灵活，并没有统一的基础指标选取标准和指数构建方法。此外，在指数的应用上，对于金融压力指数门限值的确定也是一个重要的研究方面，各国学者所探讨的方法也较丰富。在具体研究和实践中，各国学者和监管机构可基于各地区的特点，选取不同的基础指标和构建方法构建金融压力指数，对该地区系统性风险加以测度，在这方面也形成了较为丰富的研究成果。

作为开创性研究，Illing 和 Liu（2006）认为，系统性金融压力是一个连续的变量，随着期望金融损失、风险和不确定性升高，其极值便称为金融危机。他们综合了包括银行部门、外汇、债券和股票市场的风险变量，通过因子分析、信用权重、等方差权重以及对指标基于累积分布函数进行转换等方法，为加拿大构建了金融压力指数。Cardarelli 等（2009）运用等方差权重的方法,综合了银行、证券和外汇市场这三个子系统的 7 个相关指标,为 17 个经济体构建了金融压力指数。Nelson 和 Perli(2005)综合 12 个经济变量,使用 Logit 模型为美国构建了金融脆弱性指数。运用主成分分析法,Hakkio 和 Keeton(2009)、Hatzius 等(2010)分别利用 11 个和 44 个经济变量为美国构建了堪萨斯州金融压力指数(KCFSI)和金融状态指数(FCI)。同样为美国,Brave 和 Butters(2010,2012)构建了国家金融状态指数(NFCI),该指数运用动态因子模型的计算方法,综合了 100 个金融变量计算得出,并运用受试者工作特征曲线(ROC 曲线)法进行了门限值和政策指导分析。Hollo 等(2012)基于货币市场、债券市场、股票市场、金融中介和外汇市场这五个系统的 15 个变量,通过利用变量间时间变动相关性矩阵,构建了系统性压力综合指数(CISS),并基于欧元区数据对其进行了实证分析。Louzis 和 Vouldis(2012)也借鉴 CISS 的思路,为希腊构建了金融系统性压力指数(FSSI),该指数除考虑了变量间相关性外,还利用了多变量 GARCH 模型来捕捉相关性的突然变化,并且扩展了 CISS 所包含的变量。

国内也有一些学者针对金融压力指数进行了相关研究。赖娟(2011)选取期限利差、银行业风险利差、股票市场波动性和 EMPI 四项指标,采用得分加总的方法构建了中国的金融压力指数。中国银行国际金融研究所课题组(2010)选用股票市场、公司债券市场、信用衍生市场等八组指标,基于历史数据确定各指标分数,构建了金融危机监测指标体系并对其进行了区域划分,且运用美国的数据进行了检验。陈守东和王妍(2011)选取涵盖银行、证券和外汇市场的 6 项基础指标,采用等方差权重方法构建了中国金融压力指数,且通过马尔科夫区制转移模型对其进行了区制分析,并进一步探讨了该指数与工业一致合成指数的关系。刘晓星和方磊(2012)利用 CDF - 信用加总权重的方法,为我国构建了涵盖银行、股票、外汇和保险四个市场中 7 个变量的金融压力指数。李研妮(2013)运用主成分分析法,构建了涵盖宏观经济基本面、房地产、股票、货币债券和外汇市场的中国系统性风险压力指数,并探讨了其对于货币政策制定的作用机理。许涤龙和陈双莲(2015)基于银行、房地产、股票和外部金融市场的 16 项指标,采用 CRITIC 赋权法构建了中国金融压力指数,并将指数数值超过历史均值 2 倍的数值作为危险金融压力时期的标志。

综合国内外研究来看，金融压力指数的构建和运用方法较为多样，也有一些可以改进之处。在金融压力指数所包含的基础指标选取方面，学者们大多基于经济和金融理论，结合各国经济和金融体系的经验总结进行选取，因此在指标选取方面存在一定的主观性。这一点可以结合前述方法进行一定的改进，比如参考 KLR 信号分析法中的噪音信号比这一标准对指标进行更为客观的选取。在指数的构建方面，国内外的研究所运用的方法较为丰富，也尚在不断发展当中，常用的方法包括权重法、主成分分析法等，也有一些基于更为复杂原理和模型的方法，比如就系统性风险的特征考虑各指标间相关性的方法等。在指数的门限值确定方面，学者所探讨的方法也不统一，一种较为简单的方法是以超过指数平均值一个或两个标准差的数值作为门限值，然而这种方法需要假设指数呈正态分布，而这一假设在实际中常常难以实现，且对超过平均值几倍标准差作为门限值仅能通过经验判断，较为主观。另外一些方法则基于一些较为复杂的模型计算门限值，比如基于马尔科夫区制转移模型和 ROC 曲线等。

与之前所描述的基于金融机构这一微观视角所度量系统性风险的方法不同，前述方法大多基于银行系统等单一市场体系进行系统性风险度量，而金融压力指数的特点在于其关注于金融系统的整体风险，是一项较为宏观全面的系统性风险度量方法，根据其涵盖的指标可包括金融系统的各个方面，并可以根据需要和地区特点灵活选择基础指标和构建方法。此外，金融压力指数多基于宏观数据构建，对数据和技术的要求也可繁可简。且由于其对门限值和系统性危机发生标准的确定较为灵活，不必然以前述发生的金融危机为参考，因此在金融危机较少发生的国家也适用，适用范围十分广泛。由于金融压力指数具有连续性和实时性特征，且简单直观，对于监管机构而言是一项十分理想的系统性风险监测指数，美国和欧元区等地区的监管机构已经将一些金融压力指数投入使用。然而，由于金融压力指数所度量的系统性风险较为宏观，监管机构并不能基于此判断需要重点监管的微观机构，在监管实践中尚需结合其他方法进行多维度监管。

3.5　宏观压力测试

宏观压力测试源于国际货币基金组织和世界银行 1999 年联合发起的"金融部门评估规划"（Financial Sector Assessment Program，FSAP），该规划主要包含宏观审慎监测框架、对宏观金融之间的联系以及金融基础设施（实施标准、法律和监管框架、支付体系）的评估。宏观压力测试是宏观审慎监管框架的重要内容，也是一种金融稳定分析的量化工具，指的是对一组金融机构在一种"例外但合理"的压力情境下风险暴露的度量。宏观压力测试相对单一机构或组合的微观压力测试的区别在于，其目标是为了帮助公共监管部门识别在一个金融系统中的结构脆弱性和整体风险暴露，而这种脆弱性和风险可能会导致系统性问题的发生。陈强和乔兆纲（2011）将宏观压力测试的特征总结为全局性、关联性和反馈性三点，即既要反映压力情景对整体金融系统的影响，分析单一金融机构对其他金融机构和金融体系可能产生的负外部性，还应考虑到金融机构对宏观经济和金融体系的反馈性影响。

如图 3 - 3 所示，Sorge 和 Virolainen（2006）所总结的宏观压力测试的步骤主要包括：

（1）根据相关机构或组合设定压力测试分析的范围；

（2）设计并调整一个宏观经济压力情景；

（3）量化该模拟情景对于金融部门偿付能力的直接影响，可以选择评估在宏观经济下行时的资产负债表脆弱性，也可以选择在整体损失的概率分布中融入多项风险因子的分析；

（4）根据结果来评估金融系统的整体风险承受能力；

（5）评估在金融系统内部以及从金融部门扩展到实体经济的潜在反馈效应。

压力测试实施过程中，可以采用"自下而上"或"自上而下"方法。"自下而上"方法是从单一金融机构的主体出发，一一评估其资本充足水平和风险承受能力，是否有倒闭的可能性以及产生负外部性，从而汇总到监管机构进一步分析金融体系整体的风险情况，其优点在于可以采取金融机构层面的微观数据，能够利用机构内部模型进行更为精确的风险分析，对机构个体

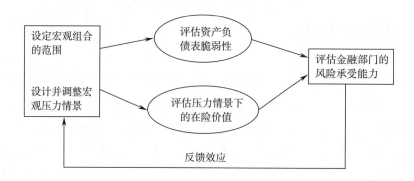

资料来源：Sorge 和 Virolainen（2006）。

图 3 - 3　宏观压力测试的主要步骤

特征考虑较为全面，而缺点在于缺乏机构间的一致性和可比性。"自上而下"方法由监管机构统一开展，采用统一的情景设定和压力测试模型，缺点在于微观个体数据获取较为困难，且较少考虑个体的风险特征。现在各国压力测试事件中较多采用"自上而下"的方法，如欧洲中央银行所开发的自上而下宏观压力测试框架经常被用于银行偿付能力的前瞻性评估（Henry 和 Kok，2013）。

目前，作为衡量经济下行风险的一项主要方法，宏观压力测试已被学界和业界广泛应用，然而该方法在实践中对于数据和技术的要求较高，需要有较好的数据库建设基础。刘昌科等（2012）指出，若数据基础薄弱，数据长度不足，有可能造成宏观压力测试的模型不能准确反映相应压力测试情境下的变化，进而使结果过于乐观，低估风险。他们同时认为，可以将宏观压力测试所得出的在负面情境下所发生损失的结果和用其他方法衡量系统性风险的结果相结合使用，更有利于提高系统性风险度量和预警的准确度。

3. 6　系统性风险度量和预警方法的整体比较与评析

由于对系统性风险本身的概念和特征学界和业界尚未形成统一意见，相关研究也处于不断进行当中，相应的系统性风险度量方法研究也仍在进行，度量系统性风险所选取的基础数据、计算方法和在实际中的应用情况均存在不同的特点。

3.6.1　基础数据和计算方法

从基础数据和计算方法上看，一些系统性风险度量方法所基于的是金融机构的微观数据，包括其资产负债表数据以及机构间的交易数据等，这些方法包括从金融机构业务特征出发的 CCA 方法、GARCH 模型法和网络模型法，从金融机构与金融系统相互关系出发的 CoVaR 方法、MES 方法、夏普利值法和极值理论法等，以及宏观压力测试。这些方法对微观数据的要求较高，需要有较为完备的数据库基础和较高的技术要求。其中 GARCH 模型法大多基于金融机构的收益数据以分析其传染性，对于研究引发系统性危机的跨国和跨部门传染更为合适。而早期预警模型和金融压力指数多基于宏观数据计算，其数据较为易得，且可根据各地区实际情况选取，较为灵活，但缺点在于基于该两类方法所做的一部分研究忽略了基础指标之间的相关性，可能引发系统性危机的传染性这一特征，且一些度量方法所基于的模型较为简单，影响了系统性风险度量的精确度。从我国的应用角度上看，由于我国金融体系以银行为主导，而未定权益分析法、GARCH 模型法和网络模型法这三种基于金融机构业务特征的方法多基于银行间市场数据展开，对于我国银行间资产负债关系能够进行较好的反映，因此这几种方法在我国也有一定的应用前景。然而我国银行机构间的风险发生机制与美国等以市场为主导的金融体系国家存在一定的不同，因此在我国应用该类方法时，需要对我国银行间业务关系有进一步清晰的分析，同时该类方法所需要的微观数据要求较高，因此在我国进行大规模应用尚需一定的发展时间。

在基础数据的选取上，各方法对于衡量系统性风险的基础指标选取均不统一，哪些宏观和微观指标能够真正衡量系统性风险的大小也尚处于探索过程当中。Rodríguez-Moreno 和 Peña（2013）利用欧洲和美国的银行间拆借利率、股价和信用衍生品数据，计算并比较了两组高频率的系统性风险度量指标的使用效果，使用了格兰杰因果检验、Gonzalo 和 Granger 矩阵以及度量指标与系统性事件和政策事件之间关系这三种比较标准。他们发现在宏观组中，基于信用违约互换（CDS）组合价差的第一个主成分计算的指标表现最好，在微观组中，基于 CDS 价差计算的多元密度指标表现最好。因此他们认为基于 CDS 计算的系统性风险度量指标比基于银行间利率和股价计算的度量指标表现更好。而在真正应用当中，各国尚需根据自身的宏观金融体系运行情况、微观金融机构运行情况以及数据基础情况，选取适合自己的系统性风险度量基础数据。

3.6.2   实际应用特征和效果

从实际应用效果上看，金融危机早期预警模型、金融压力指数法和宏观压力测试主要用于度量较为宏观的系统性风险，其中由于早期预警模型需基于金融危机的特征进行开发，因此所应用的国家和地区需要在一定的条件和标准下被认为曾经发生过危机，这一点也限制了该类模型的应用前景。而金融压力指数的应用则没有固定的前提，各国学者和监管机构均可根据各地区特点和实际需要构建指数，不需要以曾经发生过的金融危机作为参考，且单一连续性指数的呈现方式简单直观，因此不管是在学界还是监管机构的实践当中应用都较为广泛。宏观压力测试的目的则是在设定情境下通过金融机构的表现以评估金融系统的风险承受能力，综合考虑金融机构与金融系统和实体之间的关系和反馈效应，这一方法也在各国监管机构的实践中经常开展。

与以上所分析的三类度量方式不同，基于金融机构业务特征的方法和基于金融机构与金融系统关系的方法都是从金融机构这一微观视角出发的系统性风险度量方法，其中网络模型法以及基于金融机构与金融系统关系的各类系统性风险度量方法，其主要目的之一是识别对系统性风险贡献度较大的机构，以利于监管机构开展有针对性的监管行为，并且有利于监管机构对系统重要性金融机构的识别。然而这两类方法在学者的实证研究中其效果也曾受到过质疑。Danielsson 等（2012）实证检验了 VaR、MES 和 CoVaR 三种方法所衡量系统性风险的效果，发现这三种方法对银行个体对于系统性风险的贡献度以及相应的排序均不能作出准确的度量，他们认为如杠杆比率等对信息需求量较低的方法可能对系统性风险的度量更为有效。赵进文等（2013）基于我国 14 家上市银行的数据，从理论和实证的角度，比较了 MES 和 CoVaR 的区别与联系，且研究了这两种指标与 ES 和 VaR 之间的关系，发现估计方法的不同会影响系统性风险的度量结果，因此认为使用不同的度量方法时应注意其差异及应用环境。刘吕科等（2012）指出这些模型均是依靠历史数据进行估计，而对于历史数据的依赖导致其对于市场结构的变化与创新不能够及时反应，而忽略了由于这些变化和创新所带来的系统性风险的积累。因此可以看出，这些基于微观视角的系统性风险度量方法由于对技术和数据的要求均较高，在提高风险度量精确度的同时也带来了技术上的其他质疑，因此这类方法大多仅在学术研究层面进行探讨，而没有广泛应用于监管机构的实际风险监测当中。

第 4 章 我国系统性风险的测度及分析

——基于金融压力指数法[①]

本书第 3 章已将目前开发出的五类主要系统性风险度量和预警方法在理论上进行了较为全面的比较和分析，而本章则基于此进一步选择了较为适合我国金融和经济体系的金融压力指数法，通过选取货币、债券、股票和外汇市场涵盖的 12 项金融压力基础指标数据，运用主成分分析法和各指标间交叉相关性矩阵，为我国构建了周度金融压力指数（FSI），并利用门限向量自回归（TVAR）模型基于 FSI 与宏观经济的关系进行了门限和区制分析。本章在为我国构建系统性风险度量和预警框架并检验其有效性的同时，也对我国系统性风险的总体水平进行了一定的分析。

4.1 引言

根据本书第 3 章对各类系统性风险度量和预警方法进行的分析，可以看出金融压力指数作为一种较为宏观的度量整体金融体系系统性风险的方法，对数据的要求和计算方法均较为灵活，计算结果较为直观，且不以在历史上曾经发生金融危机为前提，十分适合用于我国系统性风险的测度。金融压力指数（Financial Stress Index，FSI）的概念由 Illing 和 Liu（2006）首次提出，即基于子系统指标综合建立，用于监测系统性风险状况的综合指数。在美国，由 Hakkio 和 Keeton（2009）构建的堪萨斯州金融压力指数（KCFSI）以及 Brave 和 Butters（2010，2012）构建的国家金融状态指数（NFCI）已经正式

① 本章部分内容选自：陈忠阳，许悦. 我国金融压力指数的构建与应用研究 [J]. 当代经济科学，2016（1）：27-35；许悦. 系统性压力综合指数的有效性研究 [J]. 统计与决策，2017（2）：166-170.

发布实时数据并用于监测美国的系统性风险状况。

　　根据范小云（2006）所提出的从系统性风险到系统性危机的动态演变理论，这一过程可以分为五个阶段：第一阶段，隐患阶段，即系统性风险逐渐累积，金融体系出现脆弱性因素；第二阶段，突变阶段，即发生冲击而造成损失，风险上升；第三阶段，金融部门传染阶段，即金融部门间发生了流动性冲击的传染；第四阶段，非金融部门行为调整阶段，即私人部门和公共部门对金融体系的流动性问题作出反应，而进一步使金融体系问题发展；第五阶段，危机全面爆发阶段，即各机构和各市场发生了相互影响，以至对经济活动整体产生负面影响，金融危机全面爆发。从这五个阶段可以看出，系统性风险只有在累积到一定阶段时才会导致金融甚至经济体系产生一定的问题，在极端情况下演变为金融危机的爆发，而在系统性风险水平较低的情况下，金融和经济系统的运行则处于安全状态。Illing 和 Liu（2006）在对金融压力的描述中认为，系统性金融压力是一个连续的变量，随着期望金融损失、风险和不确定性升高，其极值便称为金融危机。结合系统性风险的累积过程和金融压力的累积过程可以看出，金融压力指数作为反映系统性风险累积程度的指标较为合适，且可以利用该指数基于一定的方法确定其门限值，为监管机构防范金融危机的爆发提供重要参考。本书参考赖娟（2011）对系统性风险累积情况所做的总结，并进行了相应调整，将系统性风险、金融和经济系统安全（低压力区制）、金融和经济系统压力严重（高压力区制）和门限值的关系描述为图 4 - 1。在高压力区制，尽管金融危机不一定会发生，然而发生的概率大大增加，因此，一旦系统性风险超过门限值，监管机构就应及时采取政策措施，降低系统性风险水平，防范金融危机甚至经济危机的发生。

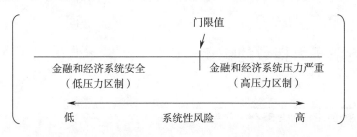

资料来源：参考赖娟（2011）并进行了相应修改。

图 4 - 1　系统性风险、门限值和区制关系

我国虽然尚未发生过大规模金融危机，然而受国内外经济环境影响，也出现过股市动荡、银行"钱荒"等金融压力事件，因此进行金融压力的监测对监管当局政策指导而言具有十分重要的意义。在我国的学者中，赖娟（2011）、陈守东和王妍（2011）、刘晓星和方磊（2012）、许涤龙和陈双莲（2015）等均基于不同的方法，结合我国的经济和金融特征为我国构建了金融压力指数。本书在借鉴国内外相关研究成果的基础上，选取金融压力基础指标，基于主成分分析法对各子市场指标赋权。另外，由于金融压力指标间相关性的增强是系统性风险增大的重要特征之一，本书也将各指标间交叉相关性纳入计算，尝试构建我国金融压力周度指数，并利用该指数对我国的金融压力进行分析。同时，本书将该指数与宏观经济相结合，利用 TVAR 模型判断门限值和区制，并研究其对于经济运行的先导作用。

由第 3 章对金融压力指数研究和实践的探讨可知，目前国内外针对金融压力指数的构建和应用已有较为丰富的研究成果，然而构建方法还处于不断探索阶段，对于各方法的应用效果尚未达成共识。针对我国的金融压力指数构造和应用而言，在以下几个方面尚有进一步研究的空间。第一，在指数频率方面，以往研究所构造的指数大多仅具有月度频率，而对于金融压力更为精确的走势分析而言略显不足。第二，在构建方法方面，以往文献大多基于某种方法对基础指标进行加权计算，而较少考虑指标之间的相关性，鉴于相关性增强是系统性风险增大的重要标志之一，也应在指数计算中有所体现。第三，在门限和区制分析方面，现有文献大多基于指数本身的特征进行区制判定，而结合指数与宏观经济之间关系进行的探讨则相对有限。本书试图从以上几个方面寻求突破，在我国金融压力指数的构建和应用方面进行更为深入的探索。

4.2　金融压力指数的构建

4.2.1　基础指标选取及处理

一、基础指标的选取

用于构建金融压力指数的基础指标需要符合金融压力的相关特征，即金融市场上不确定性的增强，以及对风险资产和非流动性资产偏好的降低。同时各个指标包含的信息应具有互补性，并且在金融压力较大的时期能够表现出较强的相关性（Hollo 等，2012）。本书主要参考 Hollo 等（2012）的基础指标选取标准，同时结合我国金融市场的实际情况，选取了货币市场、债券市场、股票市场和外汇市场这四个子市场的金融指标，每类市场包含三个基础变量，以期全面反映我国金融市场的压力情况。此外，为满足监管和政策制定需要，金融压力指数应具有较高的数据频率以实时反映金融压力状况。国内一些相关研究所构建的指数均为月度指数（赖娟，2011；中国银行国际金融研究所课题组，2010；陈守东和王妍，2011；刘晓星和方磊，2012；李研妮，2013），本书尝试将所构建的指数频率进一步提高，构建具有周度频率的 FSI，因此所选取的基础指标均具有周度或日度频率。

货币市场所涵盖的指标用于反映短期融资市场所面临金融压力情况，所选取的基础指标包括：上海银行间同业拆放利率（Shibor）的实际波动率，该指标可以反映出货币市场中市场情绪的波动性；TED 利差，此处取 Shibor 和无风险收益率利差，可以反映出银行间市场的流动性风险和交易对手风险，在一定程度上体现出"转向优质资产"（Flight – to – quality）和"转向流动性"（Flight – to – liquidity）的特点（Hakkio 和 Keeton，2009）；银行间市场 7 日回购利率，这一指标同样可以体现出短期融资市场的流动性风险和交易对手风险。

债券市场所涵盖的基础指标：上证国债指数的实际波动率，这一指标用于反映债券市场中市场情绪的波动性；负的期限利差，即短期国债与长期国债的收益率之差，该指标表示银行通过将短期负债转变成长期资产从而获利的成本，若出现负利差，说明收益率曲线为负斜率，银行利润会受到严重损失；银行业风险利差，即银行间金融债与同期国债到期收益率之差，该指标可以反映出银行间的违约风险和流动性风险（赖娟，2011）。

股票市场所涵盖的基础指标：上证指数实际波动率，用于反映股票市场中市场情绪的波动性；上证指数的 CMAX，代表股指在两年的移动时间窗口内的最大累积损失，由于在出现危机时，股市指数会出现大幅下降，因此该指标可以被作为反映金融压力的指标（Illing 和 Liu，2006）；上证指数收益与上证国债指数收益的相关系数，若该系数为负，则表示金融压力较高，此时投资者倾向于将股票转换为债券，表现出"转向安全资产"现象（Baele 等，2010），此处取长期和短期的相关系数之差来反映这一因素。

外汇市场所面临的金融压力以汇率的实际波动率计量，用于反映外汇市场的不确定性，所涵盖的基础指标包括人民币对美元、欧元、日元这三种对中国影响较大的外汇汇率的实际波动率。

对于各项基础指标的详细说明如表 4 - 1 所示。根据数据可得性和计算需要，本书所选样本区间为 2007 年 1 月 5 日至 2015 年 6 月 26 日。

二、对基础指标的转换

一些文献使用标准化的方法对基础指标进行转换（Cardarelli 等，2009；Louzis 和 Vouldis，2012），然而这一方法的隐含假设是基础指标呈正态分布，而这一假设在实际当中常常难以实现。当新增观察值时，样本的平均值和标准差会发生改变，从而导致指数历史数值的改变，尤其当新增观察值为危机时期出现的极端数值时，这一问题会更加严重。金融压力指数历史数值的变化会影响对其门限值和区制的判定，从而导致"事件重新分类"问题的出现，进而影响该指数的稳健性（Hollo 等，2012）。

本书运用了 Hollo 等（2012）的方法，使用实证累积分布函数（CDF）对原始指标进行转换。该方法将一项基础指标记为 x_t，$x = (x_1, x_2, \cdots, x_n)$，$n$ 表示数据样本的总量。一项指标每个数值的排位次序记为 $(x_{[1]}, x_{[2]}, \cdots, x_{[n]})$，其中 $x_{[1]} \leq x_{[2]} \leq \cdots \leq x_{[n]}$，$[r]$ 代表一个具体观察值的排位次序。原始指标以升序形式排列，因此 $x_{[n]}$ 代表最大值，$x_{[1]}$ 代表最小值。转换后的数值 z_t 基于实证 $\mathrm{CDF} F_n(x_t)$ 采用以下公式计算：

$$\begin{cases} \dfrac{r}{n}, & x_{[r]} \leq x_t < x_{[r+1]}, \quad r = 1, 2, \cdots, n-1 \\ z_t = F_n(x_t) = 1, & x_t \geq x_{[n]} \end{cases} \quad (4-1a)$$

其中，$t = 1, 2, \cdots, n$。公式（4 - 1a）表明实证 $\mathrm{CDF} F_n(x_t)$ 等于某一特定观察值的排列次序除以样本内的总观察值数量。如果观察值出现重复的情况，则每个观察值的排列次序等于所有重复观察值排列次序的平均值。此时，实证 CDF 表现为一系列非降序的序列，各值之间的差值为 $1/n$ 的倍数，转换后的指标值域区间为（0，1]。

为保证 FSI 的实时性和稳健性, 本书参考 Hollo 等 (2012) 的方法, 进一步使用递归 (recursion) 的方式对原始指标进行转换。这种方法可以保证在加入新观察值的情况下 FSI 的历史数值不会改变。前递归区间取 2007 年 1 月 5 日至 2009 年 12 月 31 日, 此区间内各基础指标的实证 CDF 计算采用公式 (4-1a), 而在此区间之后, 每加入一个新观察值, 该观察值的实证 CDF 则采用以下公式计算:

$$
\begin{cases}
\dfrac{r}{n+T}, & x_{[r]} \leqslant x_{n+T} < x_{[r+1]}, \quad r = 1, 2, \cdots, n+T-1 \\
z_{n+T} = F_{n+T}(x_{n+T}) = 1, & x_{n+T} \geqslant x_{[n+T]}
\end{cases}
\qquad (4-1b)
$$

其中, $T = 1, 2, \cdots, N$, N 表示数据样本的结束时间 (本书中为 2015 年 6 月 26 日)。

代表每个市场 ($i = 1, 2, 3, 4$) 的压力指数 $s_{i,t}$ 取该市场所涵盖的三个子指标 ($j = 1, 2, 3$) 的算术平均数得到, 即 $s_{i,t} = \dfrac{1}{3} \sum_{j=1}^{3} z_{i,j,t}$, 这一方法假设每个市场所涵盖的指标均包含互补的信息。表 4-1 详细描述了四个子市场中的每个压力指标的计算方法。

表 4-1　　　　　　　FSI 计算中所涵盖的金融压力基础指标

货币市场:
<ul><li>3 个月 Shibor 的实际波动率: 日度利率变化绝对值的周平均值。</li><li>TED 利差, 即 3 个月的 Shibor 和 3 个月的无风险利率利差: 日度数据的周平均值。</li><li>银行间市场 7 日回购利率: 日度数据的周平均值。</li></ul>
债券市场:
<ul><li>上证国债指数的实际波动率: 日度收盘指数 log 收益率绝对值的周平均值。</li><li>负的期限利差, 即 1 年期银行间固定利率国债与 10 年期银行间固定利率国债收益率之差: 日度数据的周平均值。</li><li>银行业风险利差, 即 1 年期银行间金融债与同期银行间国债到期收益率之差: 日度数据的周平均值。</li></ul>

续表

股票市场：

- 上证指数的实际波动率：日度收盘指数 log 收益率绝对值的周平均值。
- 上证指数的 CMAX：两年移动时间窗口内的最大累积损失，计算为

$$CMAX_t = 1 - x_t / \max[x \in (x_{t-j} \mid j = 0, 1, \cdots, T)], x_t 代表上证收盘指数的周平均值，T = 98。$$

- 股票和债券的相关系数：首先计算上证指数 log 收益率和上证国债指数 log 收益率的相关系数；最终指标为 2 年（484 个工作日）和 4 周（20 个工作日）的相关系数的差值，其中负值取 0 值。

外汇市场：

- 美元/人民币、欧元/人民币、日元/人民币汇率的实际波动率：日度 log 变化率绝对值的周平均值。

注：所有基础指标均基于其各自实证 CDF 采用递归方式进行了转换。样本区间：2007 年 1 月 5 日至 2015 年 6 月 26 日。

数据来源：Wind 资讯、RESSET 数据库、国泰安数据库。

4.2.2　金融压力指数的构建方法

一、子市场压力指数权重的确定

由于金融压力可以被视为影响各子市场压力指数共同变动的主要因子，本书参考 Hakkio 和 Keeton（2009）所使用的主成分分析法对四个市场压力指数的主成分进行提取，进而确定四个市场指数 s_i 的权重 w_i。

表 4－2　　　　　　　　　　方差分解主成分提取分析表

主成分	初始特征值			提取特征值		
	特征值	方差贡献率（％）	累积方差贡献率（％）	特征值	方差贡献率（％）	累积方差贡献率（％）
1	1.399	34.984	34.984	1.399	34.984	34.984
2	1.279	31.971	66.955	1.279	31.971	66.955
3	0.728	18.209	85.164			
4	0.593	14.836	100.000			

表 4 – 3　　　　　　　　　　前两个特征值对应的特征向量

指标	特征向量 1	特征向量 2
货币市场	0.670	0.229
债券市场	0.575	0.404
股票市场	− 0.416	0.575
外汇市场	− 0.218	0.674

如表 4 – 2 和表 4 – 3 所示，提取特征值大于 1 的前两个主成分以及其所对应的特征向量，累积贡献率为 66.96%，可以基本反映原数据所体现出来的金融压力情况。所提取的第一个主成分基本反映了短期和长期借贷市场的基本信息，所提取的第二个主成分主要反映了股市和外汇市场的基本信息。将每个市场指标所对应的两个特征向量数值根据其方差贡献率进行加权平均，最后进行归一化处理，可得各个市场的权重，如表 4 – 4 所示。

表 4 – 4　　　　　　　　　　四个子市场所对应的权重

货币市场（w_1）	债券市场（w_2）	股票市场（w_3）	外汇市场（w_4）
37.7%	40.5%	4.7%	17.1%

作为对所确定权重的进一步验证，本书参考 Hollo 等（2012）对于各子市场指数的权重确定方法，分别考察四个市场的压力指数对于宏观经济的冲击效应。选取国家统计局中国经济景气监测中心所发布的中国经济景气先行指数作为宏观经济运行情况的参考指标，该指数基于股市指数、货币供应量、国债利率差、产品销售率等 8 组指标构建而成，峰谷比一致指数平均领先 6 ~ 7 个月[①]。由于本书用于构建 FSI 的基础指标均为金融指标，而从国内外反映经济运行指标的构成来看，资金类指标大多被用于先行指标（晏露蓉和吴伟，2005），因此在确定各子市场压力指数的权重时，考察各子市场指数与同时期对应的经济景气先行指数的关系比选用一致指数更为合理[②]。由于经济景气指

---

① 关于中国经济景气指数的更多信息请参考 http://www.cemac.org.cn。中国经济景气指数数据来源：中经网统计数据库。

② FSI、中国经济景气先行指数和一致指数的走势请参考图 4 – 5。

数为月度数据，此处取各子市场周度指数的月度平均值进行分析。根据增广迪基—福勒（ADF）单位根检验结果，四个子市场指数（s_i）和经济景气先行指数（y_0）均为平稳序列[①]，进而分别以 s_i 和 y_0 构建 VAR 模型，并考察 y_0 对于 s_i 一个标准差冲击的脉冲响应函数（IRF）。由于假定 s_i 可能会对经济活动产生影响，设定变量次序为（s_i，y_0），IRF 结果如图 4－2 所示。

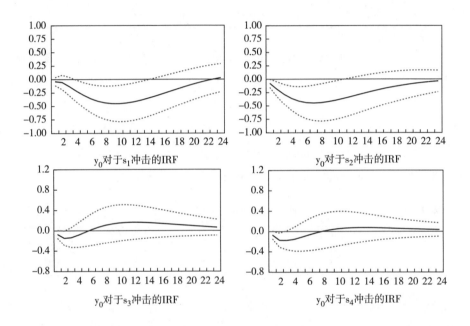

注：虚线代表两个标准误区间。

图 4－2   经济景气先行指数对于四个市场指数的脉冲响应函数

从图 4－2 可以看出，货币市场和债券市场的金融压力对于中国宏观经济的冲击最大，压力指数分别在第 10 个月和第 7 个月使经济景气先行指数达到了最多 0.449 个和 0.445 个标准差的下降，货币市场压力对经济的负面影响在第 23 个月消失，而债券市场压力对经济的负面影响在第 24 个月尚未消失。股票市场和外汇市场的金融压力对中国宏观经济的冲击较小，压力指数分别在第 2 个月和第 3 个月使经济景气先行指数有 0.147 个和 0.174 个标准差的下

---

① 经 ADF 检验，y_0、$s_1 - s_4$ 所对应 p 值分别为 0.0369、0.0146、0.0131、0.0028 和 0.0006，均可以在 5% 的水平下拒绝存在单位根的原假设。

降，这两个市场的压力对经济的负面影响分别在第 6 个月和第 8 个月消失。由此看出，货币和债券市场的金融压力对宏观经济的影响均较大，大约是股票和外汇市场对经济影响的两到三倍，其中债券市场压力冲击的持续时间较长。而股票和外汇市场的金融压力对经济影响较小，其中外汇市场压力对经济的影响稍大于股票市场。因此，通过主成分分析法得出的四个市场压力指数的权重设定较为合理，能够反映出各市场压力对与宏观经济的影响情况[①]。

二、金融压力指数的构建方法

本书参考 Hollo 等（2012）的方法，借鉴了投资组合理论的思路，除对各子市场指数加权计算外，也将各指数之间随时间变动的交叉相关性考虑在内，其思想是金融压力不仅表现在各压力指标的绝对数值上，还表现在各指标之间的相关性上，而各指标之间相关程度越高，就表明系统性风险越大。这是由于在金融压力较高的时期，几个市场均会同时面临风险。

本书所构建的 FSI 数值范围为（0，1]，计算公式为

$$FSI_t = (w \circ s_t) C_t (w \circ s_t)' \tag{4-2}$$

其中，$w = (w_1, w_2, w_3, w_4)$，代表各子市场指数的权重向量，$s_t = (s_{1,t}, s_{2,t}, s_{3,t}, s_{4,t})$ 代表各子市场的指数向量，$w \circ s_t$ 代表 Hadamard 乘积（即在时间 t 时市场指数权重向量与市场指数数值向量中每个数值的乘积）。根据前文计算结果，各子市场的压力指数权重分别为：货币市场 37.7%、债券市场 40.5%、股票市场 4.7%、外汇市场 17.1%。

C_t 代表市场指数 i 和 j 随时间变动的交叉相关系数矩阵，表示为：

$$C_t = \begin{bmatrix} 1 & \rho_{12,t} & \rho_{13,t} & \rho_{14,t} \\ \rho_{12,t} & 1 & \rho_{23,t} & \rho_{24,t} \\ \rho_{13,t} & \rho_{23,t} & 1 & \rho_{34,t} \\ \rho_{14,t} & \rho_{24,t} & \rho_{34,t} & 1 \end{bmatrix} \tag{4-3}$$

各子市场压力指数之间交叉相关系数 $\rho_{ij,t}$ 基于指数加权移动平均（EWMA）的方法使用协方差 $\sigma_{ij,t}$ 和波动率 $\sigma_{i,t}^2$ 计算：

---

① 在 FSI 的实际使用中，各子市场权重也可以根据宏观经济运行的不同阶段进行调整。

$$\sigma_{ij,t} = \lambda\sigma_{ij,t-1} + (1 - \lambda)\tilde{s}_{i,t}\tilde{s}_{j,t}$$

$$\sigma_{i,t}^2 = \lambda\sigma_{i,t-1}^2 + (1 - \lambda)\tilde{s}_{i,t}^2 \qquad (4-4)$$

$$\rho_{ij,t} = \sigma_{ij,t}/\sigma_{i,t}\sigma_{j,t}$$

其中，$i = 1, 2, 3, 4$，$j = 1, 2, 3, 4$，$i \neq j$，$t = 1, 2, \cdots, T$，且 $\tilde{s}_{i,t} = (s_{i,t} - 0.5)$ 代表市场指数和其理论上的中位数 0.5 的差值。平滑系数 λ 取常数 0.93。$t = 0$ 时方差和协方差的初始值，即 2007 年 1 月 5 日的值，为基于前递归期 2007 年 1 月 5 日至 2009 年 12 月 31 日数值计算的方差和协方差值。

4.3　我国系统性风险的测度结果及分析

4.3.1　我国金融压力测度结果分析

一、我国金融压力测度结果

利用 FSI 可以对我国金融压力走势进行分析，进而了解我国系统性风险状况。如图 4-3 所示，样本区间内，FSI 走势与我国系统性事件发生情况基本吻合。具体来讲，我国金融压力在 2007 年至 2008 年 10 月总体一直处于上升态势，并在 2008 年 10 月底达到顶峰，这期间发生了全球股灾、我国股市持续下跌以及美国次贷危机爆发等一系列系统性事件。而随着 2008 年 11 月我国政府用于扩大内需、刺激经济增长的十项措施出台，市场信心得到提振，金融压力也不断下降。2009 年底欧债危机爆发并持续影响欧元区国家的经济和金融稳定状况，然而我国的金融压力在此期间并没有出现十分明显的上升，在 2009 年至 2013 年上半年一直处于较低水平，说明欧债危机对我国的金融稳定并没有造成十分明显的系统性影响。2013 年 6 月和 12 月我国银行业出现了流动性紧张而导致的"钱荒"事件，也造成金融压力再一次达到峰值。2014 年我国金融压力出现小幅上升，但受国际油价大幅下跌等因素影响，俄罗斯卢布大幅贬值，对我国的金融秩序也产生了一定的冲击，金融压力进一步上升。2015 年 6 月我国股市出现大幅动荡，FSI 出现小幅上升态势，然而绝对水平并没有达到较高数值，可以看出此次股市危机对我国当年 6 月的金融稳定并没有造成十分重大的影响。

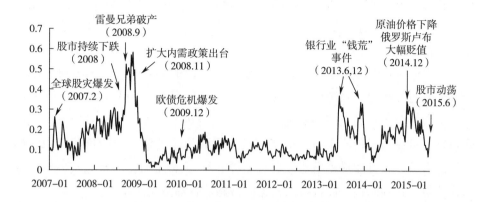

图 4 - 3 FSI 和国内外主要系统性事件

二、可能引发我国系统性风险的因素分析

从 FSI 的测度结果直观上看，样本区间内我国金融压力峰值出现的次数不多，整体而言我国系统性风险的水平不高。造成我国系统性风险水平出现峰值的系统性事件中，大多数为国际事件，其中 2008 年国际金融危机和 2014 年末的俄罗斯卢布危机均造成了我国系统性风险水平升高。由此可见，随着我国对外开放程度的提高，可能引发我国系统性危机的跨国传染风险也在不断上升，并成为引发我国系统性风险的主要因素，尤其应该得到监管部门的重视。

从国际冲击对于我国系统性风险的影响来看，我国进出口贸易的发展、人民币国际化和汇率改革的推进以及我国持有外债规模过大等实体经济和金融体系方面的因素均可能造成跨国传染风险的提高，进而使我国系统性风险水平上升。自 2005 年人民币汇率制度调整以来，人民币汇率的市场化程度更高，汇率风险进一步提高。而人民币国际化的推进一方面使得人民币在国际计价、交易中的地位提高；另一方面也可能增加经济和金融体系中的不确定因素。杨涛和张萌（2014）认为，人民币国际化进程中存在的诱发系统性风险的因素包括资本跨国自由流动、汇率定价扭曲和币值维持稳定，而这三种因素能够通过经常项目、资本项目和货币政策三种途径引发系统性风险，对金融和经济体系造成冲击。此外，我国持有外债规模过大、品种单一也进一步加强了我国的对外依赖程度，风险无法分散，使得跨国传染风险增加。美国财政部发布的国际资本流动报告显示，截至 2015 年 12 月，我国持有美债 12461 亿美元，虽然较上一年有所下降，但仍为美国最大的债券持有国。

从 FSI 的测度结果也可以看出，除国际方面的影响外，我国自身金融和经济体系也存在诱发系统性风险的因素，如样本区间内 2013 年 6 月和 12 月所发生的银行业"钱荒"事件便主要由我国自身因素引发。该次银行流动性风险事件，可能与银行业本身业务扩张从而导致资金外流、资产负债期限错配等原因有关，也可能暴露出地方政府融资平台、"影子银行"甚至实体经济增长模式等一系列问题，而这些问题均应得到监管部门关注。

自国务院 2011 年批准上海市、浙江省、广东省、深圳市开展地方债试点以来，地方债问题逐渐成为了可能引发系统性风险的因素之一。财政部发布的数据显示，截至 2015 年末，纳入预算管理的中央政府债务为 10.66 万亿元，地方政府债务为 16 万亿元，两项合计，全国政府债务达 26.66 万亿元，占 GDP 的比重为 39.4%，且地方债规模呈逐年增长趋势。地方债规模的增加会造成地方政府偿债压力增大，且存在部分地区信用风险上升、地方政府违法或变相举债等问题，均可能造成系统性风险升高。2016 年，国务院办公厅和财政部先后印发《地方政府性债务风险应急处置预案》《地方政府一般债务预算管理办法》和《地方政府专项债务预算管理办法》等文件，对地方政府债务作出规范，提出中央实行不救助原则，明确债务限额等，进一步为降低地方债所引发的风险作出努力。

房地产行业作为我国经济的支柱产业之一，其与经济部门和金融部门均存在紧密的联系，成为可能引发系统性风险的因素。国家信息中心主办的国信房地产信息网的数据显示，2016 年 12 月 70 个大中城市住宅销售价格指数中，绝大部分城市的房价同比上涨。中国社会科学院城市发展与环境研究所、社会科学文献出版社联合发布的《房地产蓝皮书：中国房地产发展报告（2017）》指出，2016 年的房地产市场价格上涨源于"去库存"的背景，各地政府将进一步加大对房地产价格的调控力度。2016 年发布的《房地产蓝皮书》同样指出，2015 年商品房销售成交价格呈总体上涨。由此可见，我国房地产市场可能存在泡沫，存在投机性的买房卖房行为，而房地产价格一旦下跌，会造成房地产信贷市场资金链断裂，进而对金融体系和经济体系均造成巨大影响，引发系统性危机。因此，稳定房地产价格，防止其剧烈波动应是监管当局着重解决的问题。

我国的民间借贷同样存在运行不规范的问题，可能成为引发系统性风险的潜在因素。根据穆迪投资者服务公司所统计的数据，截至 2015 年末，中国影子银行资产规模已达 53 万亿元，如此庞大的规模也造成影子银行系统蕴藏了较大的风险。李建军和薛莹（2014）指出，影子银行存在较长的债权债务链条和较复杂的信用衍生关系，债权人对于债务人的监督激励较弱，因此存在较为显著的信用风险问题。同时，影子银行存在会计账户、市场心理恐慌和行为选择以及货币、信用等传导机制，可能会造成传染风险上升，进而形成系统性风险。

此外，随着我国经济发展步入新常态，经济增长速度逐步放缓，投资回报率可能会进一步下降。这除了会影响实体经济外，对于金融体系也会造成冲击，银行所面临的信用风险可能会逐步上升，进而造成不良贷款率的上升。这一点同样会成为影响我国金融和经济系统稳定运行的因素，导致系统性风险的形成。

4.3.2　我国金融压力的门限和区制分析

一、门限向量自回归模型（TVAR）的构建

金融压力指数门限值（Threshold）和区制（Regime）的分析可以用来识别存在严重系统性压力的时期，进而为监管当局的政策制定提供参考。一些文献使用比指数历史平均值高一个或两个标准差的数值作为金融压力指数的门限值（Illing 和 Liu，2006；Cardarelli 等，2009），然而这种方法的隐含假设为指数成正态分布，若违反这一假设，在增加新观察值后指数的平均值和标准差则会有较大幅度变化，影响对金融压力区制的判定。图 4-4 表明本书所构建的 FSI 呈明显右偏分布，因此这一方法在本书并不适用。这一方法的另一个缺陷是在判断将超过历史平均值几倍的标准差作为门限值时并没有明确的标准（Hollo 等，2012）。

本书参考 Tsay（1998）的方法，将 FSI 和经济活动综合考量以确定 FSI 门限值，使用门限向量自回归（Threshold VAR，TVAR）模型区分高压力区制和低压力区制。从系统性风险的定义可以看出，当其累积到一定程度时，不

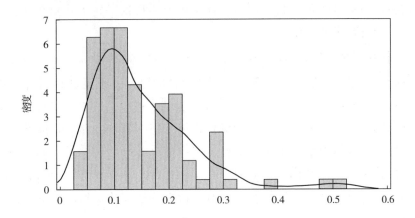

注：直方图基于密度计算，平滑曲线基于 Epanechnikov 核密度计算。平均值 = 0.1474，中位数 = 0.1186。

图 4 - 4   FSI 分布直方图和平滑曲线

仅会影响金融体系运行，还可能导致经济体系受到损害，因此结合 FSI 和经济活动的关系确定门限值和区制能够更好地衡量系统性风险对经济运行的影响程度。此处使用 FSI 和国家统计局中国经济景气监测中心所发布的中国经济景气一致指数作为内生变量以建立 TVAR 模型。中国经济景气一致指数由工业生产指数、社会需求指数、社会收入指数和工业从业人员数四组指标构成，其峰谷出现时间与总体经济运行的峰谷出现时间基本一致，用于综合描述宏观经济所处状况。FSI、中国经济景气一致指数和先行指数的数值如图4 - 5 所示，由于中国经济景气指数均为月度数据，此处 FSI 取周度数据的月度平均值进行门限和区制分析，样本区间为 2007 年 1 月至 2015 年 6 月。

　　本书使用 FSI 作为门限变量，假定其具有两个区制和一个门限值，根据 Schwarz 信息准则，确定了以下 TVAR（3）模型：

$$x_t = c^H + \Phi_1^H x_{t-1} + \Phi_2^H x_{t-2} + \Phi_3^H x_{t-3} + e_t^H, \quad 如果 z_{t-d} \geqslant \tau（高压力区制）$$

$$(4 - 5a)$$

$$x_t = c^L + \Phi_1^L x_{t-1} + \Phi_2^L x_{t-2} + \Phi_3^L x_{t-3} + e_t^L, \quad 如果 z_{t-d} < \tau（低压力区制）$$

$$(4 - 5b)$$

其中 $x_t = (F_t, y_t)'$，代表内生变量（分别为 FSI 和一致指数）的二维向量，c^s，Φ_j^s 代表 $s = H, L$ 状态（H 和 L 分别代表高压力和低压力区制）时的截距向

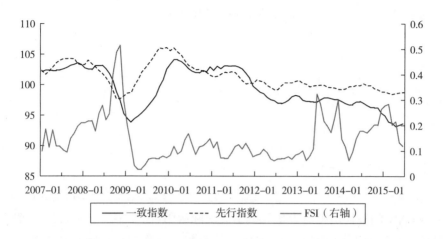

数据来源：中经网统计数据库、本研究计算。

图 4 - 5　FSI、中国经济景气一致指数和先行指数

量和斜率系数矩阵，滞后阶数为 $j = 1$，2，3，向量 e_t^i 代表基于不同区制回归的残差项，τ 代表门限值参数。z_{t-d} 代表门限变量，滞后阶数为 $d \in \{1, \cdots, d_0\}$。由图 4 - 5 可以看出，FSI 与中国经济景气先行指数的当期数值具有较为明显的负相关关系，且 FSI 和先行指数的峰谷相对一致指数而言较为领先，因此初步判断 FSI 的滞后数值可以作为当期经济运行情况的预警变量，同时由于先行指数比一致指数平均领先 6 ~ 7 个月，此处取最大滞后阶数为 $d_0 = 8$，以分别分析 1 阶到 8 阶滞后的 FSI 是否能作为门限变量，进而得出合适的门限值 τ。

　　根据 Tsay（1998）所做的假定，门限变量应表现出平稳且连续的特点，并且在实数区间内有正密度函数。而根据增广迪基—福勒（ADF）单位根检验结果，FSI 是平稳序列[①]，同时 FSI 也具有固定区间，因此满足此项假定。门限值滞后阶数 d 和门限值参数 τ 可以根据由 Tsay（1998）开发的近似卡方分布的 $C(d)$ 统计量确定。在确定滞后阶数 d 后，门限值根据 FSI 设定为 300 个区间点时，Akaike 信息准则（AIC）值最低时确定。滞后阶数为 $d = 1$ 到 $d = 8$ 时的门限分析结果如表 4 - 5 所示。

①　FSI 的 ADF 检验 t 统计量为 - 3.558，p 值为 0.039，可以在 5% 的水平下拒绝存在单位根的原假设。

表 4 – 5 门限滞后阶数和门限值分析结果

d	1	2	3	4	5	6	7	8
C（d）统计量	4.13	12.24	14.53	16.12	18.22	13.37	28.51	18.8
p 值	0.9947	0.5867	0.4108	0.3061	0.1969	0.4978	0.0122**	0.1726
AIC	—	—	—	—	—	—	– 329.4858	—
τ	—	—	—	—	—	—	0.2849	—

注：** 表示在 5% 的水平下显著。

由表 4 – 5 可得在 $d = 7$ 时，在 5% 水平下可以拒绝不存在门限效应的原假设，所确定的最佳门限值为 0.2849。在实际运用当中，这一结果可以被解释为将当期 FSI 数值与门限值比较，可以用于判断未来第 7 个月的宏观经济所处的区制。而经济景气先行指数相对一致指数也有 6 ~ 7 个月的领先区间，这与 FSI 的领先区间基本一致，表明 FSI 可以被用作判断经济运行走势的先行指标。

二、我国金融压力区制分析

如图 4 – 6 所示，7 阶滞后的 FSI 与中国经济景气一致指数成明显的负相关关系，总体而言 FSI 对于经济走势有一定的预警效果。在一些时间区间内，

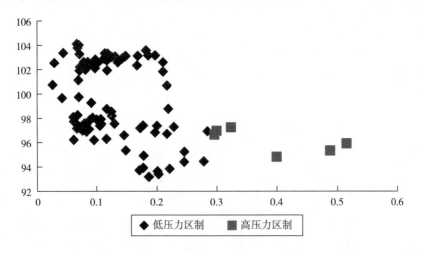

注：当 FSI 数值（7 阶滞后）等于或高于门限值 0.2849 时为高压力区制，低于门限值时为低压力区制。

数据来源：中经网统计数据库、本研究计算。

图 4 – 6　FSI（7 阶滞后）与中国经济景气一致指数散点图

7 阶滞后的 FSI 并未达到门限值水平，然而当期经济景气一致指数仍然较低，这一方面说明利用 FSI 进行未来 7 个月的经济走势预测并非与实际经济运行情况完全一致，尚需结合其他指标对经济走势进行进一步分析；另一方面也说明虽然这些时段内宏观经济总体环境走低，然而作为先行指标的金融压力指数在前期并未表现出较高数值，可能是由于各金融变量间相关程度并不强，因此后期引起大规模系统性危机的可能性依然较小。

从区制分析结果可以看出，我国金融体系总体运行较为平稳，处于高压力区制的时间区间较少。高压力区制分别出现在 2009 年 4～7 月、2014 年 1 月和 7 月，同时临近高压力时期的 2009 年 1 月和 2014 年 2 月所对应的滞后 7 阶 FSI 也表现出接近门限值的数值，而这几个时期对应的中国经济景气一致指数的确表现出较低的水平（如图 4－5 所示）。结合一致指数走势来看，2008 年下半年金融危机爆发时 FSI 数值大幅上升，随后在 2008 年底到 2009 年上半年，我国宏观经济情况也受危机影响一度出现低谷，并进入高压力区制。而后在经济刺激政策发挥作用的情况下，作为先行指数的 FSI 在先期持续下降，随后经济实际运行也逐步回暖，在 2009 年 8 月进入低压力区制。2014 年初和年中，我国受国内外多种风险因素影响，经济运行再一次进入高压力区制，同期经济景气一致指数出现进一步下降，并在 7 月出现大幅下滑。就 FSI 的走势来看，FSI 在 2014 年出现了较为明显的上升，并在 2015 年 1 月和 2 月出现了接近门限值的数值，这在一定程度上表明我国经济运行在 2015 年下半年可能还会出现进一步下滑的态势。

从 FSI 和我国经济运行的关系来看，FSI 在大多数情况下能够对经济运行和区制判定起到较好的先期预警作用。然而在 2011 年下半年到 2012 年上半年我国经济景气一致指数出现大幅下滑时，先期的 FSI 并没有表现出接近或超过门限值的数值，这可能是由于各金融指标之间变动的相关性并不强，因此金融市场内并未表现出明显的系统性风险，这也进一步说明对经济整体走势的判断还需结合其他指标进行全面分析。

4.4　本章结论

本章选取系统性风险度量和预警方法中较适合我国的金融压力指数法，

基于 2007 年 1 月至 2015 年 6 月的金融市场数据，为我国构建了周度金融压力指数（FSI）。该指数基于货币市场、债券市场、股票市场和外汇市场所涵盖的 12 个金融压力基础指标计算，除使用主成分分析法为各子市场的指数赋权外，还根据系统性风险的特点，将各子市场指数之间的交叉相关性考虑在内。实证结果表明，该指数走势与样本区间内影响我国的系统性事件发生情况基本吻合，可以较好地监测我国系统性风险状况。

进一步利用 FSI 与中国经济景气指数所构建的 TVAR 模型进行门限和区制分析，结果表明，将 FSI 的当前数值与门限值比较，可以用于判断未来第 7 个月宏观经济所处区制。结合 FSI 与经济景气一致指数走势来看，FSI 对宏观经济走势能够起到一定的预警作用。同时由于金融压力情况仅是反映宏观经济总体运行的其中一方面指标，尚需结合其他指标进行综合分析以得到更为精确的宏观经济走势预测结果。

利用 FSI 对我国金融压力情况和区制分析结果表明，我国处在高压力区制的时间区间较少，系统性风险总体水平不高，金融系统总体运行较为稳定。金融压力较高的时期主要发生在 2008 年 10 月金融危机前后、2013 年 6 月和 12 月的银行"钱荒"事件期间以及 2014 年底到 2015 年初出现的国际原油价格下降、俄罗斯卢布危机期间，在经历这几个时期之后我国经济景气指数随之下滑，进入或接近高压力区制。就 2015 年的情况看，6 月的股市危机并没有使当月的金融压力产生显著的高水平。年初的金融压力水平较高，与我国 2015 年整体经济运行有所下滑的态势一致。另外，本章认为可能引发我国系统性风险的国际冲击因素包括进出口贸易的发展、人民币国际化和汇率改革的推进以及我国持有外债规模过大，国内因素包括地方债问题、房地产价格泡沫、民间借贷和影子银行问题以及投资回报率下降等，均需得到监管部门关注。

此外，由于我国金融体系以银行为主导，与一些西方国家以市场为主导的金融体系不同，而本书所构建的 FSI 更多偏向于以市场指标表现的金融风险，对我国系统性风险的反映尚不够全面。因此，在利用 FSI 对我国的系统性风险进行分析时，还需将其与从金融机构特别是银行机构业务特征出发的微观方法相结合，才能得到更为精确的结果。

第 5 章　我国系统性风险表现出的
传染性特征分析

从国际上对系统性风险定义的两个维度上看，系统性风险具备对金融甚至经济体系的影响广泛性特征，且能够增加发生传染的可能性。本章关注系统性风险定义的第二个维度，侧重于风险的溢出效应，即市场和机构之间的关联性和传染效应，这种传染效应的发生是引发系统性危机的重要机制。本章首先从理论上对跨市场和跨国传染机制进行剖析，为接下来的实证分析提供理论基础。在实证研究中，本章利用第 4 章所构建的金融压力指数方法，为中国和美国分别构建了金融压力指数，以金融压力的相关性来反映传染风险的大小，并在发生冲击时分析传染效应。在跨市场传染性特征分析中，本章基于中美各子市场金融压力的交叉相关系数对中国和美国国内跨市场传染风险和传染效应进行了比较和分析。在跨国传染性特征分析中，本章利用基于贝叶斯推断的时变参数回归（TVP－R）模型和吉布斯抽样（Gibbs Sampler）估计方法，以及各子市场间的交叉相关系数，分析了中美两国金融系统整体，以及货币市场、债券市场、股票市场、外汇市场四个子市场之间的传染风险和传染效应。本章为监管当局监测及减小我国国内跨市场以及跨国传染风险，进而防范我国系统性风险水平的升高和金融危机的爆发提供了重要参考。

5.1　对传染机制的理论分析

文献中对传染（Contagion）有多种定义，至今尚未形成统一的意见。一些学者认为冲击是传染发生的必要条件，在这种观点下，传染的定义一般分为广义和狭义两种。从广义上讲，传染被定义为一项从一个或一组国家、市场或机构产生的冲击扩散到其他国家、市场或机构（Pritsker,

2013）。从狭义上讲，传染指当一国或一组国家受到冲击后，跨市场经济指标间联动效应的显著增强（Pritsker，2013；Dornbusch 等，2000；Forbes 和 Rigobon，2002）。广义的定义注重传染的结果，狭义的定义同时考虑到了传染的渠道和程度。基于狭义定义的角度，对于这种显著的联动性如何判定，Pritsker（2013）总结了4种判定方法：（1）联动性与平常时期相比显著提高；（2）联动性迅速增强，且与平常时期相比显著提高；（3）联动性较高，且并不足以用经济基本面所解释；（4）联动性较高，且并不足以用完全信息的经济基本面所解释。用于判断联动性的经济变量主要包括经济增长率、贸易和资本流动、金融市场资产的收益率、波动性和流动性等。从大多数研究来看，判断联动性所使用的最常用的度量方法为相关系数。另一些学者并没有将冲击作为传染发生的条件，而仅将传染定义为较高的相关性，这种相关性比能够用经济基本面所解释的相关性更高（Bekaert 等，2005；Boyson 等，2010），在这种定义中对相关性的判定与 Pritsker（2013）所提出的第3种判定方法一致。

还有一些学者基于风险的视角对传染进行研究。Leitner（2005）将金融市场中的金融传染风险定义为对一家机构较小的冲击会通过多米诺骨牌效应传播到其他机构的风险，而且该研究认为，金融网络中参与者之间的联系能够提高传染风险，甚至可能造成整个网络发生崩溃。De Bandt 和 Hartmann（2000）则把传染和系统性风险结合起来进行研究，认为系统性风险可以被看作潜在的传染效应，在系统性事件对很多机构和市场产生了影响，并且导致这一系列机构发生倒闭或市场发生危机时，可以被理解为传染导致了系统性危机的发生。Billio 等（2012）基于相关性对系统性风险和传染进行研究时也指出，较强的相关性可能会导致系统性风险水平上升。

虽然各文献对于传染并没有形成统一的定义和判定方法，然而从一系列的研究可以看出，传染与系统性风险有很紧密的关系。传染风险的增加会提高发生传染的可能性，而传染又可能进一步导致系统性危机的爆发，因此传染性特征的相关研究对于降低传染风险和系统性风险，进而防范金融危机甚至经济危机的爆发具有重要意义。从诱发传染的渠道上看，本书将其分为跨市场传染和跨国传染两种进行论述。

5.1.1　跨市场传染机制

一、银行间市场的传染

作为金融体系的重要组成部分，尤其是在我国这种以银行为主导的金融市场当中，银行系统的稳定对于金融体系的稳定运行，进而防范系统性风险的累积有着重要的作用，因此，对于银行间市场传染的理论和实证研究尤其丰富。度量系统性风险的 DD 模型（Demirgüç‐Kunt 和 Detragiache，1998）以银行危机为研究对象，认为银行危机的产生体现在银行体系整体较高的不良贷款率、较高的救助成本、大规模的银行国有化以及发生严重的银行恐慌等情景，对银行体系之内的传染表现有了初步的描述。以该文献为基础，对于银行间传染的特征有更多学者进行了研究和总结，从研究方法看，大多数文献均基于网络分析法展开。

在银行间传染的发生渠道方面，可以将其总结为由外部因素引发的被动式传染、银行间实际业务联系和由信息引发的银行倒闭的溢出效应三种（马君潞等，2007；陈国进和马长峰，2010）。在第一种传染渠道中，诱发银行间传染的主要为利率、汇率和商品价格变化等外部因素，这些外部因素能够影响一国贸易等实体经济，进而影响实体经济的还款能力，从而使银行的资产负债等业务受到影响（马君潞等，2007），这种影响可以同时作用到不止一家银行，进而导致银行间市场大规模危机的产生。第二种传染渠道强调各银行间的实际业务联系，这些业务包括存贷款和支付结算等，而传染主要通过银行间的资产负债关联网络引起。Allen 和 Gale（2000）认为，银行间市场的网络结构可以用来判定整个系统的关联度情况，从而对系统性风险有着第一位的影响。该方法的主要思想为，由于银行间存在的信贷业务关系，单家银行的倒闭会给其他银行带来流动性冲击，而所产生的损失一旦超过资本综合，则导致该银行的倒闭。Muller（2003）提出，银行间市场存在着一个或者几个银行间交易的中心点，这些中心点与多家银行存在潜在的传染渠道，而不同银行类型所对应的不同的网络结构都可能导致传染的发生。第三种传染渠道由信息引发，强调投资者的信息分析和信息不对称的影响，而信息不对称和道德风险可以将外部的流动性冲击内生化（马君潞等，2007；陈国进和马长峰，2010）。Dasgupta（2004）认为，在不完全信息和多个银行的环境中，存款者和银行之间的信息不对称可以使存款者之间的协调要求减少，金融传染可以被视为一种动态贝叶斯纳什均衡现象。他们认为在这种经济体内的均衡条件下，银行倒闭传染发生的概率是正的，这种传染不是由外生的流动性冲击引起，而是由信息的不对称性和银行间的资产负债业务的联系引起。从投资者的角度来看，其会在一家银行发生倒闭时由于对信息的分析而撤出其在其他利益相关银行的资金，导致其他相关银行发生流动性紧张。而中小投资者会跟随大投资者的举动，进而产生"羊群效应"，引起银行间传染的发生。

二、多市场间的传染

随着金融一体化进程的加快，各类金融市场和金融机构业务联系愈发密切，不同的市场间呈现出明显的联动效应，各市场和机构由于互相持有资产负债，且受实体经济等间接渠道的影响，也进一步促成了传染的发生。张华勇（2014）将金融市场联动性产生的原因总结为投资者的多市场交易、企业的交叉上市、跨市场的金融产品和金融业的混业经营这四点，他同时认为，金融市场间发生传染的主要原因包括金融管制的放松、金融市场信息的传递和投资者的交易行为。

从实际传染渠道上，由于银行体系在金融和经济系统中的重要作用，其提供的基础信贷市场是更多市场和部门业务之间互相联系的纽带，因此银行体系和其他部门之间的传染应更多地受到学界和业界的关注。Billio 等（2012）基于主成分分析和格兰杰因果关系网络的关联度度量方法，对涉及对冲基金、银行、证券交易商和保险公司之间的传染机制进行了研究，发现这几个部门之间均存在冲击传导现象，且银行部门在冲击传播方面起了更大的作用，因此更应受到关注。银行危机向外汇市场传染的主要渠道是实体经济和财政，银行危机能够导致货币贬值，而货币危机又能通过资产负债表传导到银行系统（赖娟，2011）。此外，在混业经营的背景下，银行体系同资本市场之间存在打破"防火墙"的条件，因此，银行部门同证券部门之间也存在传染风险，若银行业受到外部冲击，造成"挤兑"等流动性危机现象，或出现面临不良贷款上升等信用风险现象时，银行对于资本市场的投资也会相应减少，从而导致资本市场流动性危机的发生，并使危机从银行体系向资本市场传导。

银行部门除了可能与其他金融市场发生传染以外，由于业务存在联系，银行部门与其他经济市场之间也存在传染风险，受关注较多的是银行部门与房地产市场之间的传染。从实证的角度，Pais 和 Stork（2011）对澳大利亚房地产行业和银行业之间的传染效应研究中发现，这两个部门之间发生传染的概率在发生金融危机之后有明显的提高。王辉和李硕（2015）指出，银行业和房地产行业之间存在联系的重要渠道是基础信贷市场，这两个市场之间通过基础信贷市场的联系，存在顺周期效应，金融系统和实体经济之间的相互作用会导致系统性风险的放大。在繁荣时期，房地产市场的繁荣会导致银行信贷的扩张，从而使流动性风险下降，导致房地产市场需求增加，引起其进一步的繁荣，而一旦房价下跌，银行会面对包括房地产企业资金链断裂和住房抵押贷款违约这两种渠道所导致的信用风险，因此会导致银行体系和房地产体系之间系统性风险的爆发和冲击的传染。

不同部门之间除了可能通过银行体系为渠道而产生传染，也可能通过其他渠道产生传染。比如，外汇市场和资本市场之间通过业务联系，从而形成了相互持有资产负债的情况，如果遭遇金融危机的冲击，二者的正常运行均会遭受破坏。同时，由于外汇市场与实体经济中的贸易行为联系较为密切，而企业的贸易行为又涉及在资本市场上的融资行为，一旦资本市场遭遇冲击，企业的融资能力下降，对外竞争力下降，势必会影响外汇市场的运行。同样，一旦外汇市场受到冲击，本币币值发生波动，也会影响企业的对外贸易行为，同时导致本国资本外逃等现象的发生。这两种渠道均会引发资本市场的流动性危机，导致二者之间出现传染现象。

5.1.2　跨国传染机制

随着国际经济一体化的逐步加深，各国之间的经济金融联系不断加强，在不同国家之间也存在传染风险。大量的实证研究表明国家之间存在传染效应，这种传染效应可能会引起跨国金融危机的产生，应当加强识别和防范。从传染渠道上看，跨国传染主要通过贸易渠道、金融渠道和投资者行为渠道引发。

一、贸易渠道

贸易渠道是跨国传染的主要渠道之一，这种渠道包括各国之间的直接或间接的贸易联系。若一国之内的系统性风险升高，导致金融危机的发生，会影响该国的进出口企业效益的降低，进而影响贸易，降低该国的国际购买力和进口需求，同时影响该国出口企业的效益，这种影响会通过贸易渠道影响其他国家的进出口效益，进而造成传染的发生。此外，一国的系统性风险除了会影响该国企业外，也会对该国的外汇市场产生影响，若其货币币值发生大幅度波动，比如发生贬值，则在增加该国出口产品竞争力的情况下影响与其有贸易联系国家的国内商品销售，进而造成该国国内市场的不稳定，引起传染的发生。

二、金融渠道

虽然国家之间的贸易联系是跨国传染发生的主要渠道，然而一些贸易联系较少的国家同样发现了传染效应，究其原因，可以从金融业务和金融机构的角度理解。随着金融市场国际化逐渐发展，若一国的金融市场产生了较高的系统性风险，进而发生危机，则危机可通过金融产品和金融服务的互相联系所导致的共同风险暴露，在各国金融市场间传播。引起跨国传染发生的金融国际化可以总结为金融市场国际化、金融机构国际化和金融交易国际化三种原因（王大威，2013）。其中金融市场和金融交易渠道主要指金融产品和服务的关联和交易，促使各金融机构之间形成了相互关联的资产负债结构，金融机构渠道的主要构成为系统重要性金融机构，这类机构业务较为复杂，通常与多个国家的金融机构均存在业务联系，从而存在相同的风险暴露，成为传染的渠道。一些学者在实证研究中也证实了通过金融渠道存在传染效应，如 Baele（2005）发现在度量欧洲和美国对于 13 个欧洲股票市场波动溢出程度时，从统计和经济这两角度来看均产生了区制转移效应。Chancharoenchai 和 Dibooglu（2006）利用 GARCH 模型发现在 1997 年亚洲金融危机前后南亚的六个股票市场存在自泰国开始的"亚洲传染"效应。

三、投资者行为渠道

投资者通过自己的判断和行为，同样能导致传染的发生，这也是在除经济基本面的相关因素之外的对传染的解释因素之一。当一国系统性风险水平上升，爆发金融危机后，投资者通常会对与该国的经济和金融体制相类似的国家的稳定情况进行重新判定，如果投资者认为这些国家同样有发生危机的可能，就会相应改变自己的投资行为，造成这些国家经济金融体系同样产生不稳定的情况。除这一点外，王献东和何建敏（2016）还认为，投资者风险偏好的改变、自我实现的预期与多重均衡同样会成为传染的原因。在一国经济受到负面冲击时，加上信息不对称和不完全信息的影响，会导致投资者风险厌恶偏好的加深，以至于抛售资产，这一点也会引起其他投资者的"羊群效应"，导致传染的发生。另外，投资者预期的改变还会使金融系统出现一种自我实现的多重均衡状态，表现为当一个国家出现危机时，可能会使其他的国家经济移动或跳跃到一个较差均衡状态，引发跨国传染。

在更多的情况下，跨国传染通过几种渠道同时进行，而且这些影响因素还会互相交叉、互相影响，共同发生作用。如 Baele（2005）在研究欧洲和美国股票市场的传染效应时，认为贸易联系、股票市场发展和低通货膨胀率均可提高欧洲股票市场的波动溢出程度。另外，传染风险与金融危机的类型、各国的经济体制特征和金融脆弱性都有一定的关系，张磊（2013）在其所总结的一些研究成果的基础上，指出经常项目、外债规模和外汇储备等因素均会造成国家之间的贸易关联性增强，也会导致相关国家与危机发生国家间传染效应的发生。

5.1.3　我国国内跨市场和与他国的跨国传染机制

从理论分析和实证研究中均可以看出，我国国内市场间以及我国和与其他国家之间也存在传染的现象，均可能引起系统性危机的发生。从跨市场传染的角度来看，我国的跨市场传染机制也符合国际一般的跨市场传染机制。而我国金融系统所存在的特点在于，以银行为主导的金融体系所具有的稳定性能够在很大程度上影响传染风险的高低。从我国银行体制来看，规模较大的银行均为国有银行，这些银行负担了绝大部分银行市场的业务，而由于受到国家信用支持，这些大规模银行运行较为稳定，存在一种隐性存款保险制度的保障，因此爆发大规模银行系统危机的可能性较小，从这一点上看，由银行系统引发传染效应的可能性也较小。然而，由于几家国有银行规模较大，若一旦发生倒闭则会引发大规模危机，马君潞等（2007）发现，我国银行间同业拆借市场的流动性结构为网状结构，该结构以中国银行为中心，中国建设银行为次中心，这两家银行若发生倒闭，尤其是若中国银行发生倒闭，将带来较大规模的传染效应，因此，虽然我国银行体系整体运行稳定，但是我国监管机构仍应着重加强对中国银行和中国建设银行的监管，保证其安全性。

我国银行体系与其他市场，以及其他市场之间均存在一定的传染风险。苗文龙（2013）在研究中美德三国的同业拆借市场、证券市场和外汇市场的传染特征后发现，我国金融市场之间存在较为显著的冲击传染效应，且我国一些市场间的传染效应高于美国这一市场主导型国家，而且我国市场间的传染会受到其他国家金融波动的影响。此外，我国一些市场间的传染风险随着我国开放程度的提高也在发生变化。赖娟（2011）发现，我国实体经济和金融体系之间的关联在我国加入世界贸易组织之后存在较为显著的提高，二者之间的传染风险也相应提高，这也导致了我国银行部门和外汇市场之间传染风险的上升。然而我国证券市场和银行体系之间的传染风险却发生了下降，原因在于我国金融监管力度的加大，同时分业经营和分业监管原则的贯彻落实，也对信贷市场和股市之间的业务进行了一定的约束。由此可以看出，我国除了以银行体系为潜在纽带的传染风险应受到关注和防范外，以外汇市场业务为潜在渠道的传染风险也应受到重点监管。

从我国与其他国家跨国传染的现象来看，也存在贸易渠道、金融渠道和投资者行为渠道等传染机制。而我国对外开放程度的提高、与他国贸易和经济联系的加强等因素除了会导致以外汇市场为潜在渠道的国内市场传染风险上升，也会导致通过潜在的贸易渠道和金融渠道的跨国传染风险的逐渐上升，这其中的具体途径在于国家间双边贸易的加强、直接投资和间接投资而导致资本流动的加强。刘平和杜晓蓉（2011）发现，美国、上海、中国香港三个证券市场在1997年亚洲金融危机前后并不具有显著的相关性，而2007年则存在传染效应，他们认为这源于两国经济联系的强化。Liu和Ouyang（2014）发现中美股票市场存在显著的溢出效应，在金融危机时期相关性更强，因此，中美两国的股票市场也存在传染效应。理论和实证研究均表明，我国与他国间存在传染风险，而且随着经济联系的提高而上升，在受到冲击时会发生传染现象，这也为监管当局思考如何调整我国以进出口贸易为主的经济结构，并在我国持有大量外债和外汇储备，人民币汇改和人民币国际化也在持续推进的背景下，如何提高宏观风险监管水平提出了更高的要求。

5.2 中国和美国国内跨市场传染性特征的分析与比较[①]

美国是全球重要的发达经济体，也是市场主导型金融体系的代表，而中国则为发展中国家，金融体系以银行为主导。本部分将实证分析和比较中国和美国国内跨市场传染效应和传染风险，对两国的系统性风险和系统性危机的形成机制进行探索，在对跨市场传染相关学术研究进行补充的同时，也能够为两国跨市场传染风险的监测和防范，进而防范系统性危机爆发提供参考。

从 5.1 的理论分析中可知，文献中对传染有多种定义。本章的实证研究中，认为冲击发生是传染发生的必要条件，所研究的针对美国和中国的国内跨市场和跨国传染效应，选用 Pritsker（2013）、Dornbusch 等（2000）以及 Forbes 和 Rigobon（2002）所提出的基于该思想的狭义的传染定义，在本研究中表现为在一国或两国受到冲击后，两国各子市场以及两国金融系统整体金融压力之间联动效应的显著增强。对于显著联动性的判断，本章选用 Pritsker（2013）所提出的联动性与平常时期相比显著提高这一判定方法，对传染效应的发生进行判定。此外，本章基于 Leitner（2005）、De Bandt 和 Hartmann（2000）以及 Billio 等（2012）的思想，用各市场间金融压力相关性来度量传染风险，并认为系统性风险可以被看作潜在的传染效应，传染的发生可能导致系统性危机的爆发。

本章使用了本书第 4 章所描述的金融压力指数法，分别构建了中国和美国的金融压力指数（FSI），该系统性风险度量方法不仅考虑了两国金融压力整体情况，同时也利于货币市场、债券市场、股票市场和外汇市场四个子市场之间基于金融压力联动性而进行的传染效应和传染风险分析，突破了部分文献仅基于单一子市场进行传染效应分析的研究视角。

---

① 本节部分内容选自：陈忠阳，许悦. 我国金融压力指数的构建与应用研究 [J]. 当代经济科学, 2016 (1)：27 – 35；许悦. 系统性压力综合指数的有效性研究 [J]. 统计与决策, 2017 (2)：166 – 170.

5.2.1　中美金融压力指数的构建

本章利用本书第 4 章构建中国金融压力指数时所使用的方法，同样为美国构建了金融压力指数，以反映美国的系统性风险状况。在基础指标选取方面，本章为美国所选取的基础指标尽量与为中国构建金融压力指数所选取的基础指标对应，即需要符合金融压力相关特征，表现为资产的基础价值和投资者行为不确定性增加、信息不对称程度增加、对风险资产和非流动性资产的偏好下降（Hakkio 和 Keeton，2009）。同时各个指标包含的信息应具备互补性，并且在金融压力较大的时期能够表现出较强的相关性（Hollo 等，2012）。与第 4 章相同，本章所选样本区间为 2007 年 1 月 5 日至 2015 年 6 月 26 日。表 5 - 1 详细描述了中国和美国的相应的四个子市场中每个压力指标的计算方法。

表 5 - 1　　　　　中美两国 FSI 计算中所涵盖的金融压力基础指标

中国	美国
货币市场：	货币市场：
<ul><li>3 个月 Shibor 的实际波动率：日度利率变化绝对值的周平均值。</li><li>TED 利差，即 3 个月的 Shibor 和 3 个月的无风险利率利差：日度数据的周平均值。</li><li>银行间市场 7 日回购利率：日度数据的周平均值。</li></ul>	<ul><li>联邦基金利率的实际波动率：日度利率变化绝对值的周平均值。</li><li>TED 利差，即 3 个月的 LIBOR 和 3 个月的 T - bill 利差：日度数据的周平均值。</li><li>国债回购加权平均利率：日度数据的周平均值。</li></ul>
债券市场：	债券市场：
<ul><li>上证国债指数的实际波动率：日度收盘指数 log 收益率绝对值的周平均值。</li><li>负的期限利差，即 1 年期银行间固定利率国债与 10 年期银行间固定利率国债收益率之差：日度数据的周平均值。</li><li>银行业风险利差，即 1 年期银行间金融债与同期银行间国债到期收益率之差：日度数据的周平均值。</li></ul>	<ul><li>10 年期 CRSP 国债指数的实际波动率：日度收盘指数 log 收益率绝对值的周平均值。</li><li>负的期限利差，即 1 年期国债与 10 年期国债收益率之差：日度数据的周平均值。</li><li>穆迪 Aaa 级企业债券与 10 年期国债收益率之差：日度数据的周平均值。</li></ul>

续表

中国	美国
股票市场：	股票市场：
• 上证指数的实际波动率：日度收盘指数 log 收益率绝对值的周平均值。	• 标准普尔 500 指数（S&P 500）的实际波动率：日度收盘指数 log 收益率绝对值的周平均值。
• 上证指数的 CMAX：两年移动时间窗口内的最大累积损失，计算为 $CMAX_t = 1 - x_t/\max[x \in (x_{t-j} \mid j = 0, 1, \cdots, T)]$，$x_t$ 代表上证收盘指数的周平均值，$T = 98$。	• 标准普尔 500 指数的 CMAX：两年移动时间窗口内的最大累积损失，计算为 $CMAX_t = 1 - x_t/\max[x \in (x_{t-j} \mid j = 0, 1, \cdots, T)]$，$x_t$ 代表标准普尔 500 收盘指数的周平均值，$T = 98$。
• 股票和债券的相关系数：首先计算上证指数 log 收益率和上证国债指数 log 收益率的相关系数；最终指标为 2 年（484 个工作日）和 4 周（20 个工作日）的相关系数的差值，其中负值取 0 值。	• 股票和债券的相关系数：首先计算标准普尔 500 指数 log 收益率和 10 年期 CRSP 国债指数 log 收益率的相关系数；最终指标为 2 年（484 个工作日）和 4 周（20 个工作日）的相关系数的差值，其中负值取 0 值。
外汇市场：	外汇市场：
• 美元/人民币、欧元/人民币、日元/人民币汇率的实际波动率：日度 log 变化率绝对值的周平均值。	• 欧元/美元、日元/美元、英镑/美元汇率的实际波动率：日度 log 变化率绝对值的周平均值。

注：所有基础指标均基于其各自实证 CDF 采用递归方式进行了转换。样本区间：2007 年 1 月 5 日至 2015 年 6 月 26 日。

数据来源：Wind 资讯、RESSET 数据库、国泰安数据库、CRSP 数据库、美联储、DTCC GCF Repo Index。

本章同样采取第 4 章的方法，参考 Hakkio 和 Keeton（2009）所使用的主成分分析法对四个市场压力指数的主成分进行提取，进而确定四个市场指数 s_i 的权重 w_i。对中国各子市场的主成分分析结果如第 4 章所述，对美国各子市场的分析结果如表 5 – 2 和表 5 – 3 所示。

表5-2　　　　　　　美国子市场方差分解主成分提取分析表

主成分	初始特征值			提取特征值		
	特征值	方差贡献率（%）	累积方差贡献率（%）	特征值	方差贡献率（%）	累积方差贡献率（%）
1	1.935	48.367	48.367	1.935	48.367	48.367
2	1.010	25.245	73.612	1.010	25.245	73.612
3	0.536	13.397	87.009			
4	0.520	12.991	100.000			

如表5-2和表5-3所示，美国特征值大于1的为前两个主成分，累积方差贡献率为73.61%，可以基本反映原数据所体现出来的金融压力情况。

表5-3　　　　　　　美国子市场前两个特征值对应的特征向量

指标	特征向量1	特征向量2
货币市场	0.388	0.734
债券市场	0.552	0.291
股票市场	0.538	-0.365
外汇市场	0.505	-0.493

对美国而言，所提取的第一个主成分主要反映了债券、股票和外汇市场的基本信息，所提取的第二个主成分主要反映了货币和债券市场的基本信息。表5-4所示为中美两国的四个子市场权重的计算结果。

表5-4　　　　　　　中美四个子市场所对应的权重

	货币市场（w_1）	债券市场（w_2）	股票市场（w_3）	外汇市场（w_4）
中国	37.7%	40.5%	4.7%	17.1%
美国	37.3%	34.0%	16.8%	11.9%

本章为构建美国金融压力指数所使用的计算方法和公式与第4章为中国计算金融压力指数时所使用的计算方法和公式相同。

5.2.2 中美国内跨市场传染性特征的分析与比较

一、中美金融压力指数走势分析

中国和美国的金融压力指数（分别为 FSI _ cn 和 FSI _ us）计算结果和样本区间内主要系统性事件如图 5 - 1 所示。由于在计算中对各原始指标采用基于其各自实证累积分布函数进行了转换，所以两国 FSI 数值并不能用于直接比较两国金融压力水平的大小，但能够反映两国金融压力在样本区间内针对本国的相对水平。

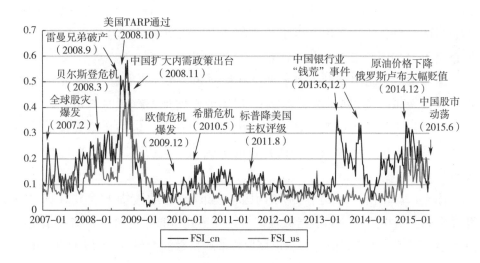

图 5 - 1 中国和美国金融压力指数（FSI _ cn 和 FSI _ us）与主要系统性事件

从图 5 - 1 来看，两国金融压力整体呈现相似的趋势，均在 2007 年初随着股灾爆发所出现的峰值开始呈现上升趋势，同时美国金融压力在 2008 年 3 月贝尔斯登危机时出现较明显的小峰值。两国金融压力均在 2008 年 9 月至 12 月初雷曼兄弟破产后的一段时间内达到样本区间内的最高峰值，且中国的金融压力上升幅度高于美国。而随着 2008 年 11 月中国政府用于扩大内需、刺激经济增长的十项措施出台，同时美国政府也在 2008 年 10 月通过不良资产救助计划（TARP）等一系列救市措施，使得两国的市场信心逐渐得到提振，金融压力也分别在当年 11 月和 12 月开始下降。2009 年末欧债危机爆发并持续影响欧元区国家的经济和金融稳定状况，从中美两国的金融压力走势来看，随着 2010 年 5 月左右希腊主权债务危机的发展，美国的金融压力出现较明显的小幅上升，并于当年 7 月开始下降。2011 年 8 月标准普尔公司将美国主权信用评级由 AAA 下调至 AA＋，使得美国金融压力再一次出现小峰值。而中国金融压力虽然也在希腊危机和标普降级的影响下有所上升，然而幅度小于美国。从 2009 年到 2013 年上半年两国金融压力水平均较低，说明欧债危机对两国没有造成十分明显的系统性影响。2013 年 6 月和 12 月中国银行业出现了因流动性紧张而导致的"钱荒"事件，造成中国金融压力再一次达到峰值，而美国金融压力则没有受此影响，持续保持低水平。2014 年两国金融压力均出现上升，而随着年末受国际油价大幅下跌等因素影响，俄罗斯卢布大幅贬值，对两国的金融秩序均产生了一定的冲击，两国金融压力均出现高水平。2015 年 6 月中国股市出现大幅动荡，中国 FSI 出现小幅上升态势。

总体来讲，两国金融压力水平呈现相似的走势，尤其在 2008 年国际金融危机爆发时以及 2014 年末至 2015 年初俄罗斯卢布危机时均呈现较明显的峰值，初步判断在这两个期间内两国间可能存在一定的传染效应。然而两国金融压力也会随着两国国内特定的金融和风险状况而在某些时期出现不同的水平。

图 5-2 和图 5-3 分别对基于两国各子市场压力指数加权平均（即各市场指数间完全相关）计算的指数根据各市场占比进行了分解，负值表示交叉相关性（计算为 FSI 原值与各子市场加权平均指数的差值）。可以看出，中国的金融压力主要来自债券市场和货币市场，股票市场占比最少，美国的金融压力也主要来自债券市场和货币市场，而占比最少的为外汇市场。

从交叉相关性来看，两国各子市场金融压力的相关性呈现出类似的走势，均在 2009—2010 年呈现较高水平，而中国的相关性水平更高，表示在这一轮金融危机中，受危机影响两国跨市场间均发生了传染效应，而中国的关联度比美国更强，同时两国的跨市场关联度均在 2012—2014 年呈现一定的上升趋势，跨市场传染风险上升。美国的各市场压力在 2014 年呈现出更强的相关性。总体来看，美国的四个市场之间的交叉相关性比中国更强，说明美国子市场之间的传染风险更高，相应的系统性风险水平也更高，而中国的子市场间传染风险则相对较低，发生大规模系统性危机的可能性较小。

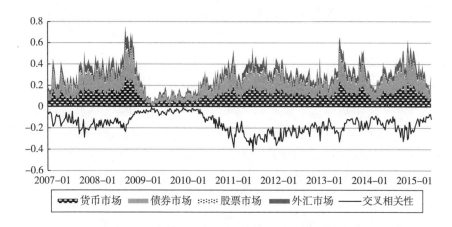

图 5 - 2　中国金融压力指数的分市场构成情况

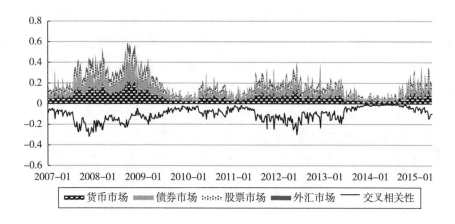

图 5 - 3　美国金融压力指数的分市场构成情况

二、中美国内各子市场传染性特征分析

表 5 - 5 和表 5 - 6 分别表示中国和美国国内各子市场的金融压力相关系数。可以看出中国的货币市场和债券市场的金融压力相关程度最高，而股票市场则与这两个市场的压力成较弱的负相关关系。外汇市场除了与股票市场相关度较强外，与货币和债券市场的相关程度均较低。总体来讲，中国大部分子市场之间的金融压力相关程度不高，甚至出现负相关，说明从关联度这一角度来看，中国各子市场之间的传染风险均不高，中国发生大规模系统性危机事件的可能性较小。具体来看，中国的债券市场和货币市场之间存在较

高的传染风险，这可能是由于这两个市场在中国有银行间市场这一共同的交易媒介，进而形成了一定的潜在传染渠道。此外中国股票市场和外汇市场之间的传染风险也较高，可能是由于我国对外开放程度提高，外资流动频繁，这两部门间资产负债关系加强所导致。因此监管当局更应关注中国货币市场与债券市场、股票市场与外汇市场之间所形成的潜在传染渠道，防范系统性风险的升高和传染的发生。股票市场与货币、债券市场之间的传染风险均不高，这也与赖娟（2011）的发现一致，即随着我国金融监管的力度加大，加上分业经营和分业监管的实践，我国的银行部门和资本市场之间的传染风险得到了一定程度的防范。

美国各子市场之间的金融压力均成正相关关系，其中股票市场和货币市场、外汇市场和货币市场之间金融压力相关程度较低，而其他几个市场之间的传染风险均较高。总体来讲，美国各市场较中国而言金融压力相关性更强，说明美国各子市场之间存在更高的传染风险，比中国更有可能发生系统性危机事件。这可能是由于美国的金融市场和金融产品之间的交易联系更为密切，进而形成了更强的资产负债关系和更多的共同风险暴露。

表5-5　　　　　中国各子市场金融压力相关系数

中国	债券市场	股票市场	外汇市场
货币市场	0.3579	-0.1536	0.0114
债券市场		-0.0002	0.0456
股票市场			0.2903

表5-6　　　　　美国各子市场金融压力相关系数

美国	债券市场	股票市场	外汇市场
货币市场	0.4031	0.1683	0.0988
债券市场		0.3620	0.3257
股票市场			0.4715

图5-4表示由式（4-4）的EWMA方法所计算的两国内部各子市场金融压力之间的交叉相关系数。从总体数值上看，各子市场相关性程度与表5-5和表5-6的结果一致，美国各子市场间的传染风险更高。从时变的角度来

看，两国各子市场之间的金融压力在不同时间区间内呈现不同的相关程度，也反映出传染风险的不同。

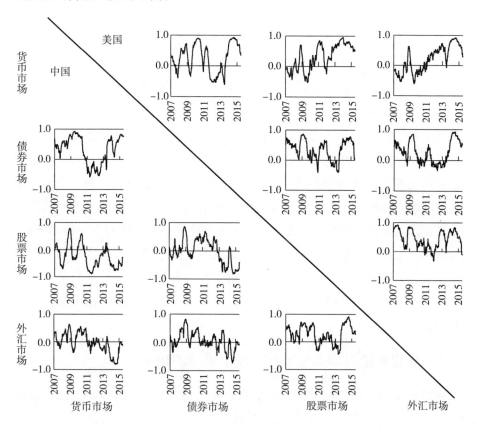

图 5-4　中国和美国国内各子市场之间金融压力的交叉相关系数

两国各子市场均大多在 2008 年末至 2009 年初呈现较强的相关性，初步判断 2008 年开始的国际金融危机在这段时间内对两国各金融市场均产生了较大影响，国内各市场均存在较强的传染效应，两国之间各市场也存在传染的可能。美国各子市场在 2013 年末至 2014 年末均又一次呈现出了较强的相关性，国内各市场传染风险较高，而 2014 年末卢布危机的爆发使各市场出现了传染效应。而中国在这段时间内只有货币市场和债券市场、股票市场和外汇市场间的相关性较强，存在较高的传染风险，其他市场间则较弱甚至负相关，初步判断这段时间内两国之间的传染风险较低。而其他时间区间内两国国内各子市场之间的相关性未表现出一致的趋势，初步判断两国之间各市场传染风险也并不一致。

5.3   中国和美国间跨国传染性特征分析

2008 年开始的国际金融危机由美国的次贷危机引发，逐渐波及全球市场，在这一过程中可见，危机不仅在一国内部的各金融市场存在传染，在各国之间也具备传染性。从前一部分对于传染机制的理论分析也可以看出，如今各国经济联系愈发紧密，国家间的传染风险和传染效应也更加值得关注。第 2 章的文献综述表明，在有关国家间传染性特征的研究中，大多数文献从单一市场间传染的角度展开，他国与中国间传染的研究也多基于该视角，所使用计量方法大多为 GARCH 相关结构模型等。而系统性风险作为涉及一个经济体各市场的综合性风险，基于经济体之间整体的跨国传染性特征也是研究传染的重要视角。本部分继续使用 5.2 中为中国和美国分别构建的金融压力指数，从金融系统整体和各子市场传染性特征的视角，对中国和美国之间的跨国传染效应和传染风险进行研究。本研究能进一步补充他国与中国之间的跨国传染性特征的学术成果，同时为监管机构防范跨国传染而导致跨国系统性危机的爆发提供参考。

5.3.1   时变参数自回归（TVP – R）模型的构建

研究传染和溢出效应所使用的模型主要包括 GARCH 模型、区制转移模型和随机波动模型等，然而哪种模型最为合适并没有统一结论，主要依赖于该研究所要探讨的假设（Soriano 和 Climent，2006）。本书使用对中美两国分别构建的金融压力指数，参考 Adam 和 Benecka（2013）所采用方法，利用金融压力时变的特性，使用时变参数回归模型研究中美两国金融压力之间的关系和其传染机制，以反映一国金融压力在多大程度上依赖于另一国的金融压力。回归模型中的变量代表金融压力水平，回归系数代表传染机制。具体参考 Nakajima（2011）所提出的基于贝叶斯推断的时变参数回归（Time – Varying Parameter Regression，TVP – R）模型，用同样方法分别估计模型（5 – 1）和模型（5 – 2）。

$$FSI\_cn_t = \alpha_{1t} + \beta_{1t} FSI\_us_t + \varepsilon_{1t} \qquad (5-1)$$

$$FSI\_us_t = \alpha_{2t} + \beta_{2t} FSI\_cn_t + \varepsilon_{2t} \qquad (5-2)$$

$$\varepsilon_{it} \sim N(0, \sigma_{it}^2), \quad t = 1, \cdots, T, \quad i = 1, 2$$

其中，FSI_cn_t 代表中国金融压力指数，FSI_us_t 代表美国金融压力指数，α_t、β_t 为回归系数，ε_t 为随机误差项。此处假设回归系数是时变的，服从随机游走过程：

$$\begin{pmatrix} \alpha_{t+1} \\ \beta_{t+1} \end{pmatrix} = \begin{pmatrix} \alpha_t \\ \beta_t \end{pmatrix} + \begin{pmatrix} \mu_{\alpha,t} \\ \mu_{\beta,t} \end{pmatrix}, \begin{pmatrix} \mu_{\alpha,t} \\ \mu_{\beta,t} \end{pmatrix} \sim N\left(\begin{pmatrix} 0 \\ 0 \end{pmatrix}, \begin{pmatrix} \Sigma_\alpha & 0 \\ 0 & \Sigma_\beta \end{pmatrix} \right) \qquad (5-3)$$

时变回归系数可以同时反映出协变量的平滑走势和结构性跳跃。随机误差项的标准差服从随机分布过程：

$$\sigma_t^2 = \gamma \exp(h_t) \qquad (5-4)$$

$$h_{t+1} = \phi h_t + \eta_t, \ \eta_t \sim N(0, \sigma_\eta^2), \ t = 0, \cdots, T-1 \qquad (5-5)$$

随机误差项的随机波动可以反映出除一国金融压力之外其他因素对于另一国金融压力的影响。其中 $|\phi| < 1$，Σ 为正定矩阵，$\gamma > 0$。

在如上所示状态空间模型的估计方式中，贝叶斯估计将其参数和状态变量都当作随机变量处理，对状态变量的推断是根据参数的联合分布进行，因此可以提高对该类模型估计的准确性（王小叶和赵昕东，2015）。贝叶斯估计的后验分布并没有封闭的形式，蒙特卡洛马尔科夫链模拟（MCMC）抽样方法作为一种有效的算法，可以克服这一难点，能够在不用计算标准化常量的情况下从后验分布中进行抽样（Nakajima，2011）。本书使用 Nakajima（2011）所描述的 MCMC 抽样中较为常用的吉布斯抽样（Gibbs Sampler）方法对上述 TVP-R 模型进行估计。

在初始值的确定上，如果生成足够多的样本且舍弃足够多的最初样本，初始值的确定对最终结果没有影响（王小叶和赵昕东，2015）。参考 Nakajima（2011）进行初始值和先验分布的确定，本书对各参数所设定的初始值为：$(\alpha_0, \beta_0)' = (0, 0)'$，$\Sigma$ 为对角元素为 0.1 的对角矩阵，$h_0 = 0$，$\phi = 0.9$，$\sigma_\eta = 0.1$，$\gamma = 1$，$\mu_0 \sim N(0, \Sigma_0)$，$\eta_0 \sim N(0, \frac{\sigma_\eta^2}{1-\phi^2})$。在先验分布的选择上，采用在时变参数模型中使用较广泛的无信息先验分布。记 I 为单位阵，假设如下先验分布：

$$\Sigma \sim IW(4,\,40 \times I),\quad (\alpha_1,\,\beta_1)' \sim N(0,\,10 \times I),$$

$$\frac{\phi + 1}{2} \sim Beta(20,\,1.5),\quad \sigma_\eta^2 \sim IG(2,\,0.02),\quad \gamma \sim IG(2,\,0.02)$$

将吉布斯抽样重复 10000 次，并去掉前 1000 个样本。模型的具体估计借助 Nakajima（2011）所编辑的 TVP - R 程序包在 OxMetrics 软件上实现。

5.3.2　中美跨国传染性特征分析

一、中美金融系统整体传染性特征分析

模型（5 - 1）和模型（5 - 2）的截距项和斜率项的后验均值估计结果如图5 - 5 和图 5 - 6 所示。截距项估计结果分别与中国和美国的金融压力指数走势情况较为接近，同样均在 2008 年末达到峰值，而 2013 年 6 月和 12 月 FSI _ cn 作为被解释变量时，α_{1t} 的估计结果也同样呈现峰值，FSI _ us 作为被解释变量时，α_{2t} 在这两个月并未呈现峰值，这进一步说明两国金融压力本身除了会受共同的因素影响出现上升外，也会由于国内特定原因出现不同的水平。

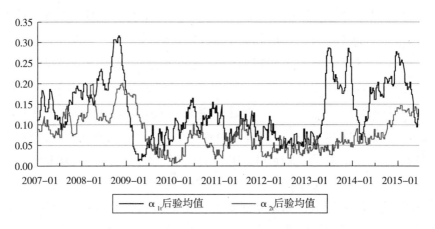

图 5 - 5　模型（5 - 1）和模型（5 - 2）的截距项后验均值估计结果

本书重点关注两个模型的斜率项估计结果，即两国之间的传染风险和传染效应。从图 5 - 6 结果看，两国之间的斜率项呈现类似的走势，峰值发生在 2008 年下半年、2009 年下半年、2012 年末至 2013 年初、2015 年初这几个时期。2008 年，β_{1t} 的估计结果持续大于 β_{2t}，说明此次金融危机时期两国间发生了传染效应，且美国金融压力对中国的影响比中国对美国的更强，在当年

年末的峰值，也即样本区间内两国间金融压力联动性最强的时期，美国金融压力指数的增加约 50% 会反映在中国金融压力指数上，而中国对美国金融压力指数的影响为约 38%。此后随两国金融压力的降低，传染效应消失，传染风险下降。2009 年下半年，虽然两国金融压力水平均不高，但美国对中国的金融压力的影响又一次达到峰值，中国对美国的影响也较高。初步推断此次联动效应的增强源于欧债危机，两国间又一次发生了传染效应，而这次互相之间的影响均小于 2008 年下半年。2012 年，传染风险持续上升，且中国对美国的影响更大，2012 年末至 2013 年初，虽然两国金融压力同样不高，但传染风险却再次达到峰值，甚至接近 2008 年下半年的水平，初步推断此次传染风险的上升受 2012 年人民币汇改加速，汇率波动的影响，然而由于汇改事件并非为未预期到的冲击事件，因此两国间并未发生传染效应。样本区间内最后一次峰值出现在 2014 年末至 2015 年初，即国际油价下跌导致俄罗斯卢布大幅贬值这一事件发生时期，此次事件导致两国之间发生了传染效应，然而两国间联动性均较小，小于前几次的峰值。此外，在 2013 年 6 月和 12 月中国受"钱荒"事件影响金融压力指数达到峰值时，两国间传染风险则不高，并未发生传染效应，说明中国发生的此次事件对美国系统性风险没有造成明显影响。

图 5 - 6　模型（5 - 1）和模型（5 - 2）的斜率项后验均值估计结果

总体而言，两国金融系统间的传染风险在不同时期表现出不同水平，在冲击发生时两国间存在双向的传染效应。传染风险不仅在两国金融压力水平均较高的时期较高，在两国金融压力水平较低的特定时期也会出现较高的程度。下文对各子市场传染风险和传染效应的研究会对其传导途径和原因进一步分析。

图5-7表示随机扰动项方差的估计结果，从中可以看出，除另一国的金融压力因素外，其他因素也在特定时期对两国金融压力存在一定冲击，主要在2008年国际金融危机和2015年初两国金融压力均较高的时期，受其他因素冲击较大，同时结合图5-6结果也说明此时两国金融系统间发生了传染效应。而2013年6月和12月其他因素对中国金融压力冲击较大但两国并未发生传染，进一步说明此次中国系统性风险较大主要由中国金融系统自身引起，对美国影响不大。

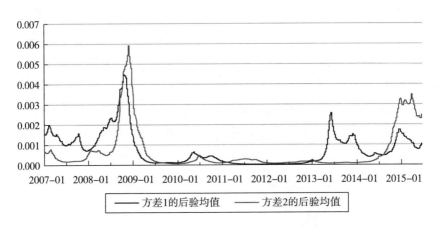

图5-7　模型（5-1）和模型（5-2）随机误差项方差的后验均值估计结果

二、中美各子市场传染性特征分析

表5-7为两国之间子市场的金融压力相关系数。可以看出，不仅在两国同一个市场间存在较高的传染风险，在不同市场间也存在较高的传染风险，甚至更高。金融压力相关性最强的市场是两国间的外汇市场，中国外汇市场和美国四个子市场间均存在较强的相关性。此外，中国股票市场和美国四个子市场间金融压力也存在较强的相关性。可以看出，中国的外汇市场和股票市场与美国金融系统之间传染风险更高。中国的货币市场和债券市场与美国四个子市场之间相关系数均不高，甚至与美国股票和外汇市场存在负相关，说明中国这两个市场和美国四个子市场之间的传染风险不高。

表5-7　　　　　　　　　中美子市场之间金融压力相关系数

美国＼中国	货币市场	债券市场	股票市场	外汇市场
货币市场	0.1004	0.2654	0.2704	0.2701
债券市场	0.1148	0.0881	0.3646	0.4068
股票市场	−0.1013	−0.1487	0.4308	0.3228
外汇市场	−0.1904	−0.0498	0.3968	0.5712

图5-8为中国和美国各子市场之间的交叉相关系数。和表5-7结果一致，中国外汇市场和股票市场与美国四个市场金融压力的时变相关系数普遍高于货币市场和债券市场。结合图5-6来看，两国传染风险较高，甚至在发生传染效应的几个时期中，2008年下半年两国四个市场之间的金融压力相关系数均较高，说明当年金融危机对两国金融系统产生了全面影响，也造成了

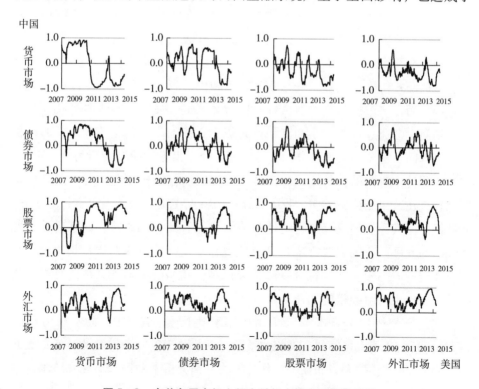

图5-8　中美各子市场之间金融压力的交叉相关系数

传染的发生。2009 年下半年至 2010 年初，美国和中国金融压力的联动性达到一个峰值时，此时美国的债券市场和货币市场与中国四个子市场金融压力相关系数均较高，进一步印证了此次传染是由欧债危机引发，且美国对中国的影响更大。2012—2013 年初，中国的外汇市场与美国的货币市场、股票市场和外汇市场金融压力均存在较高的相关性，进一步说明了此次传染风险的上升是由中国汇改进程的加快引发的。2015 年初，中国的股票市场和外汇市场与美国四个子市场之间金融压力相关系数为正值，中国货币市场和债券市场与美国四个市场间的相关系数虽为负，但呈上升趋势，说明此次俄罗斯卢布危机对两国间四个市场产生了一定传染效应，然而两国之间互相影响程度较小，不及前几次的峰值。

5.4　本章结论

本章从系统性风险所表现出的传染性这一角度出发，对引发系统性危机的跨市场和跨国传染机制分别进行了理论和实证分析。在理论分析部分，本章认为，在跨市场传染机制方面，银行间市场的传染渠道主要分为外部因素引发的被动式传染、银行间实际业务联系和由信息引发的银行倒闭的溢出效应三种，而在多市场传染机制方面，银行体系同样发挥了较大的作用，且其他市场间也会通过业务联系和互相持有资产负债而发生传染现象。在跨国传染机制方面，主要传染渠道分为贸易渠道、金融渠道和投资者行为渠道三种。在对我国传染机制的分析中，本章认为，我国的传染机制与国际一般传染机制相符，在跨市场传染方面，我国所存在的特点在于金融体系以银行为主导，因此银行尤其是大型银行的稳定性对传染风险有较大的影响，而且随着金融和经济的发展，我国的跨市场传染风险也在发生变化。在跨国传染方面，我国与他国传染的发生同样符合一般传染机制，然而随着对外开放的提高，我国的跨国传染风险会相应上升。

在实证分析部分，本章基于为中国和美国分别构建的金融压力指数（FSI），利用各子市场间的交叉相关系数，以及基于贝叶斯推断的时变参数回归（TVP－R）模型和吉布斯抽样估计方法分别分析了两国跨市场和跨国传染效应和传染风险，在跨市场传染方面，对中美两国国内货币市场、债券市场、股票市场、外汇市场四个子市场之间的传染性特征进行了比较分析，在跨国传染方面，对中美两国金融压力整体，以及四个子市场间的传染性特征分别进行了分析。

跨市场传染性特征的实证分析结果表明，中国各子市场间的传染风险较低，系统性风险水平也相应较低，发生大规模系统性危机的可能性较小，这与第 4 章实证分析的研究结论一致。然而中国债券市场和货币市场之间传染风险较高，可能是由于存在银行间市场这一潜在的传染渠道引发，结合中国四个子市场对于系统性风险的贡献度来看，货币市场和债券市场的贡献度最高，因此这两个市场间的传染风险更应得到关注。中国股票市场和外汇市场间传染风险同样较高，这可能与中国对外开放程度提高，外资流动导致这两个市场间资产负债关系加强所致。而美国各子市场间的传染风险均较高，系统性风险水平相应较高，更易发生系统性危机。对于我国监管当局而言，这一结果表明，防范通过银行间市场这一渠道的传染应成为重点，同时也应防范因外资流动而产生的通过外汇市场的传染效应。

跨国传染效应的实证结果表明，两国间传染风险在不同时期表现出不同的水平，其既与整体金融压力大小和关联度有关，也与特定市场的金融事件有关，这与一些文献中仅在各国国内系统性风险水平较高时国家间传染风险较高的研究结论不同。在两国金融市场均受到了较强的外部冲击，即 2008 年下半年国际金融危机以及 2015 年初俄罗斯卢布危机期间两国金融压力均较强时，两国整体和四个子市场之间均产生了一定的传染效应，前者导致的关联性为样本区间内最高，后者则较低。此外，在两国金融压力整体水平和整体关联度不高时，一些金融事件也会使特定市场产生较高的传染风险。2009 年下半年至 2010 年初，受欧债危机影响，美国的债券市场和货币市场与中国的四个子市场之间存在传染效应。2012 年至 2013 年初，受人民币汇改进程加快影响，中国外汇市场与美国货币市场、股票市场和外汇市场之间同样存在较高的传染风险。就分市场整体而言，中国的外汇市场和股票市场与美国四个子市场之间的传染风险较高，且两国间外汇市场传染风险最高。

从研究结果可以看出，对中美两国监管当局而言，除了应重点关注对金融系统产生整体性冲击，从而使各市场和各国风险的关联度升高，各子市场之间发生传染效应的时期外，也应对系统性风险水平和各子市场整体关联度虽不高，但发生特定市场金融事件的时期引起重视，此时特定市场的传染风险可能上升，尽管这种跨国传染风险不一定会引发国内整体金融体系的系统性风险上升，但会使特定市场中危机发生的可能性上升。此外，两国监管当局更应关注中国股票市场和外汇市场的风险情况，这两个市场和美国金融系统之间的传染风险更高，该类传染可能会通过资产负债关系、业务联系等跨市场机制，以及金融渠道、贸易渠道和投资者行为渠道等跨国机制而引发。尤其在当前人民币国际化进程加快，人民币汇改持续进行的情况下，中国外汇市场有可能产生更大的风险，而中国外汇市场与美国金融系统之间的传染风险可能会不断上升，应成为当前和未来两国监管当局所关注的重点。

结合理论分析可以看出，随着我国对外开放程度的提高，我国与其他各国的传染风险均有增大的可能，美国作为市场主导型金融体系的代表，其与我国之间的跨国传染机制能够代表我国与他国的一般传染机制，然而下一步学术研究仍可选取更多国家为研究对象，对跨国传染机制进行更为全面的分析。此外，本书仅对各子市场之间的传染效应和传染风险进行了较为粗略的研究，在未来研究中，可以从中美两国国内跨市场和两国间跨国传染效应以及传染风险的具体影响因素、对传染的管理方法入手。另外，基于金融压力指数的传染性特征研究，可以同时分析可能引发系统性危机的整体金融体系间和子市场间的传染风险和传染效应，并反映传染风险的时变特征，也为监管部门和学术界对传染提供了一个较好的监测和研究思路。

第6章　我国系统性风险的监管效果研究

——以系统重要性银行市场约束状况为视角①

本书前几章已针对我国系统性风险的度量和预警、我国系统性风险所表现出的传染性特征进行了理论和实证分析，使人们对我国系统性风险的总体水平和特征有了更为深入的理解，也为我国系统性风险的度量和预警方法的构建提供了参考。针对系统性风险的实际监管，自2008年国际金融危机以来，各国已经逐步实行了宏观审慎监管框架，其目的在于防范系统性风险的累积，而本书第3章和第4章所探讨的对于系统性风险的监测和第5章所探讨的对于传染效应和传染风险的监测也可被纳入宏观审慎监管的框架中，作为对宏观审慎监测体系的研究。本章关注空间维度的宏观审慎监管政策，即围绕系统重要性金融机构而实行的监管政策展开，并选取巴塞尔协议第三支柱市场约束的视角，探讨针对该类大型金融机构市场约束的效果。系统重要性金融机构由于具有规模大、关联性和复杂性强等特点，其倒闭会引发整个金融系统的不稳定，因此各国监管机构不但对其实行降低融资成本等优惠政策，而且也对其采取了更为严格的监管措施，而该类机构存在的"大而不倒"效应则进一步加大了对其进行有效监管的难度。本章采用事件研究法，针对我国的全球系统重要性银行股票收益对于2011—2015年巴塞尔银行监管委员会、金融稳定理事会以及原中国银监会发布全球系统重要性银行名单和出台系统重要性银行监管政策等共9次监管事件产生的反应进行了分析，并将我国进入全球系统重要性银行名单和未进入该名单的上市银行进行了对比，旨在研究监管政策的出台是否影响了市场对于该类机构的预期，即是否起到了市场约束的效果，为从市场约束这一角度降低系统重要性金融机

---

① 本章部分内容选自：陈忠阳，许悦. 对我国系统重要性银行的市场约束真的有效吗——基于9起监管事件的实证研究 [J]. 经济理论与经济管理，2017（8）：60－74.

构的道德风险，限制其风险行为，进而更为有效地降低其所带来的系统性风险提供相应参考。

6.1 引言

针对系统性风险的监管，一直以来各国所奉行的微观审慎监管在如今的实践中并不能起到良好的效果，宏观审慎监管日益受到各国监管机构的重视。在本书第 2 章的文献综述中将国内外实践的宏观审慎监管框架分为时间和空间两个维度：时间维度下主要关注信贷的顺周期性问题，主要监管工具包括动态准备金制度、逆周期资本调控制度、贷款价值比率上限、债务收入比率上限、杠杆率和存贷比等；空间维度下主要关注金融机构之间的关联性对金融体系带来的负外部性，其核心在于系统重要性金融机构（Systemically Important Financial Institutions，SIFIs）的监管，主要监管工具包括系统性资本附加要求、恢复与处置计划和风险隔离措施等。而围绕这两个维度的宏观审慎监管，从理论基础、政策框架、实施方案和政策协调等角度已有较为丰富的研究成果。然而专门针对宏观审慎监管效果的研究则尚存在进一步补充的空间，已有研究所得出的结论也并未统一，还需进一步探讨。系统重要性金融机构的监管作为宏观审慎监管的重要组成部分，围绕其监管效果的分析对于进一步完善宏观审慎监管框架，加强对于系统性风险的监管效果而言具有重要意义。

自 2008 年开始的国际金融危机证明了一些大型金融机构的倒闭会引发金融市场的连锁效应，进而引发整个金融系统的不稳定。由此，"大而不倒"和"系统重要性"等概念逐渐被各国监管机构所接受，并把系统重要性金融机构纳入重点监管范围。G20 成员从实践出发，认为如果一家机构、市场或工具的倒闭或失效能够通过直接或间接传染机制引发大规模的危机，则该类机构、市场或工具可以被认为是具有系统重要性的（IMF/BIS/FSB，2009）。国际货币基金组织（IMF）、国际清算银行（BIS）和金融稳定理事会（FSB）（2009）从规模、可替代性和关联性三个方面来评估金融机构的系统重要性。巴塞尔银行监管委员会（BCBS）（2013）参考上述指标，将系统重要性的评估标准定为规模、关联性、可替代性/金融机构基础设施、复杂性和跨境业务活动五个方面。

　　由于系统重要性金融机构具有的这些特点，各国监管机构和市场参与者为防止其倒闭采取了一系列扶持措施，使其比其他机构拥有更低的融资成本，然而这类措施又会导致该类机构从事更高风险的业务活动，引发道德风险，进一步引起危机的发生（Bongini 等，2015）。从国内外文献也可以看出，这类存在"大而不倒"效应的系统重要性金融机构对于金融系统甚至整体经济会产生一定负外部性。为降低这类金融机构的负外部性，进一步降低其所可能带来的系统性风险，巴塞尔银行监管委员会、金融稳定理事会以及各国监管机构已出台一些法规对系统重要性金融机构的资本充足性提出了更高的要求，提高其损失吸收能力，并已形成了较为完整的国际监管框架。自 2011 年起，金融稳定理事会每年 11 月发布全球系统重要性银行（Global Systemically Important Banks，G – SIBs）名单，并针对名单上的银行施行更为严格的监管要求。2011—2015 年发布的五次名单中，我国的中国银行、中国工商银行、中国农业银行和中国建设银行四家大型银行先后入选。我国原银监会也在2012 年发布的《商业银行资本管理办法（试行）》、2014 年发布的《商业银行全球系统重要性评估指标披露指引》等文件中针对系统重要性银行等大型银行的监管提出了特殊的要求。

　　从这一系列的监管措施可以看出，对系统重要性银行监管强化的取向已成为国内外市场的共识，而监管强化的目的主要有两点：第一，加强该类银行对未来金融冲击和损失的吸收能力；第二，降低市场对于该类银行在未来发生财务困境时获得各方支持的预期，从而降低这类银行所引发的道德风险问题（Abreu 和 Gulamhussen，2013）。本书着重于对第二点目的的实现效果的探讨，即市场预期是否能够在监管和约束系统重要性银行方面起到应有的作用，这一点可以体现为市场约束（Market Discipline）在监管该类银行中的效果。市场约束是指市场参与者在了解银行经营状况的基础上，根据市场规则采取相应行动，从而迫使银行能够有效而合理地分配资金、控制风险，保持充足的资本水平。作为巴塞尔资本协议中的第三支柱，巴塞尔银行监管委员会将市场约束要求的目的描述为通过建立一套信息披露要求，使市场参与者能够评估一些关键信息，如使用范围、资本、风险暴露、风险评估程序和最终的资本充足率，从而促进市场约束效应。巴曙松等（2010）指出，市场约束的内容包含两个层次，狭义上指企业主体的信息披露和提高透明度，广义上指市场通过所有能够反映企业经营活动的信息，从而对企业的主体行为起到影响和约束的作用。Bliss 和 Flannery（2002）进一步提出，市场约束发挥作用需要两个环节：一是监控，体现为投资者能够正确评估一家机构的风险和经营状况，并将评估的结果反映到证券价格当中；二是影响，即投资者对机构作出的评估能够影响到机构管理者，使管理者能够改善经营行为。因此，本书中所探讨的市场对于系统重要性银行监管政策出台的反应，主要体现为广义层面上市场约束的作用，而所探讨的市场约束效果，则体现为监控这一环节的实际效果。基于此可以提出如下问题：市场参与者针对全球系统重要性银行名单的发布以及系统重要性银行相关监管政策的出台是否作出了相应的行为反应？进一步来讲，全球系统重要性银行的股权价值是否通过市场参与者的反应而受到了相应的影响？市场对于相关政策出台产生的反应可以被理解为该政策是否对全球系统重要性银行产生了财富效应（Bongini 等，2015；Abreu 和 Gulamhussen，2013），若银行股价产生了正向反应，则可以说明市场预期全球系统重要性银行会得到更低的融资成本，获得更多的政府支持，进而拥有更好的绩效，这可能会支持该类银行产生冒险行为，引发道德风险问题。若银行股价产生了负向反应，则可以说明市场认为监管政策的出台对全球系统重要性银行的运营起到了限制作用，降低了对这类银行的预期绩效，这会进一步使相关全球系统重要性银行面临潜在的高资金成本和被逐出市场的风险，对这类银行从事高风险行为形成约束，起到了降低这些银行道德风险的作用，这也体现了有效市场约束的作用。

在有关系统重要性金融机构、"大而不倒"机构的相关研究中，从市场约束这一视角对其监管效果进行探讨方面，国外学者已形成了一定的研究成果。O'Hara 和 Shaw（1990）、Morgan 和 Stiroh（2005）、Kane（2000）、Penas 和 Unal（2004）、Pop 和 Pop（2009）、Brewer 和 Klingenhagen（2010）等学者针对政府对于"大而不倒"银行所进行的相关政策所产生的效应方面，均发现市场对于存在"大而不倒"标签的银行存在一定的正向预期，即这一标签会使这类银行产生"财富效应"，因此市场约束在针对这类银行的监管方面并没有起到相应的效果。Abreu 和 Gulamhussen（2013）研究了市场对于金融稳定理事会的全球系统重要性银行名单发布所产生的影响，同样发现金融稳定理事会针对系统重要性银行的规制并没有降低市场对该类银行的预期。还有一些学者形成了相反的结论，Schäfer 等（2013）针对欧美大型银行和 Bongini 等（2015）针对系统重要性金融机构所进行的研究发现，监管政策会降低市场对于该类银行的预期绩效，而 Bongini 等（2015）进一步指出该类政策更能约束低资本充足银行的风险行为，降低其负外部性。

在国内研究中，专门针对我国系统重要性金融机构的监管效果相关研究较少，大部分学者均围绕银行业整体监管效果展开。在针对我国银行业市场约束有效性的研究中，张正平和何广文（2005）、巴曙松等（2010）、段海涛（2011）均指出我国银行业的市场约束作用较弱。针对我国"大而不倒"银行和系统重要性银行监管效果和市场约束的研究中，马草原和王岳龙（2010）、汪航等（2015）分别通过研究银行规模和系统重要性程度与市场预期的关系，同样发现我国的市场约束机制尚不完善，公众存在"大而不倒"预期和存款人的"规模偏好"，可能会导致对银行规模扩张和高风险行为的鼓励，银行的股东和债务人对系统重要性程度较高的银行同样没有形成足够的约束。

结合国内外的研究成果看，虽然围绕系统重要性金融机构的相关文献较为丰富，但是针对其监管政策所产生的市场效应，以及从市场约束的角度探讨其监管效果的相关文献则相对较少，国内研究中也大多针对我国银行业整体的监管效果和市场约束效果进行分析，针对我国系统重要性金融机构的市场约束作用的研究尚需进一步补充。从现有探讨监管效果的文献中看，相关监管和救助政策对系统重要性银行所产生的影响并未形成统一结论，而且针对不同地域的系统重要性银行所做研究的结论也存在差异。Abreu 和 Gulam-hussen（2013）和 Bongini 等（2015）的研究中同样表明，不同国家和地区入选全球系统重要性银行名单银行的股价对监管政策所产生的反应存在一定的不同。因此，本书在以往研究的基础上，采用事件研究（Event Study）方法，针对我国 16 家上市商业银行对于 2011—2015 年巴塞尔银行监管委员会、金融稳定理事会以及我国银监会发布全球系统重要性银行名单和出台系统重要性银行相关监管政策这一系列事件而产生的股价变化进行了分析，并对进入全球系统重要性银行名单和未进入该名单的机构所产生的效应进行了对比。在事件选取上，本书进一步扩充了时间区间和监管事件数量，除包含国际监管机构所出台的监管事件外，同时包含我国银监会的相关监管事件。本书旨在探讨市场是否能对我国系统重要性银行产生相应的约束作用，以补充对于我国银行"大而不倒"问题的学术探讨，同时从市场约束这一角度，为监管机构对于我国系统重要性银行监管框架提供一定参考。

6.2　研究方法——事件研究法

6.2.1　研究假设

在 2009 年 9 月的 G20 匹兹堡峰会上，系统重要性金融机构和"大而不倒"问题被正式提出。在这之后，针对系统重要性金融机构的问题，金融稳定理事会和巴塞尔银行监管委员会先后对其提出了评估标准和额外资本要求。2009 年 10 月，国际货币基金组织、国际清算银行和金融稳定理事会提出规模、可替代性和关联性三个方面的系统重要性金融机构评估标准。2011 年 7 月，巴塞尔银行监管委员会在一份征求意见稿中，参考上述指标，将全球系统重要性银行的评估标准定为规模、关联性、可替代性/金融机构基础设施、复杂性和跨境业务活动五个方面，分别设置了各项指标的权重，并且对该类机构提出了附加损失吸收能力要求。随后，巴塞尔银行监管委员会分别在 2011 年 11 月和 2013 年 7 月对该份文件进行了修订，进一步完善了对全球系统重要性银行的评估标准和监管要求。

自 2011 年 11 月起，金融稳定理事会每年 11 月都发布一份全球系统重要性银行名单，并对进入名单的银行分档次提出更为严格的资本要求，巴塞尔银行监管委员会也会发布相应监管文件。在 2011—2015 年发布的五次名单中，我国的中国银行、中国工商银行、中国农业银行和中国建设银行四家大型银行先后入选。此外，我国银监会也在 2012 年 6 月和 2014 年 1 月公开发布监管文件，针对系统重要性银行的资本充足水平和信息披露提出更高要求。

虽然金融稳定理事会和巴塞尔银行监管委员会每年均公布全球系统重要性银行名单，也已公布了其评估标准，然而巴塞尔银行监管委员会在 2014 年 11 月才发布针对全球系统重要性银行各项指标的较为详细的得分计算说明，并且其评估过程并非完全透明。计算评估指标所需的数据各家银行并不一定全部符合，而且根据其方法算出的评估结果还有可能根据监管判断进行调整（Abreu 和 Gulamhussen，2013）。此外，针对系统重要性银行所发布的监管要求市场也不一定能够预期，对其评估和监管的标准随时都面临更新的可能。因此，可以认为针对全球系统重要性银行名单和监管要求的发布为市场传递了新的信息，即相关大型银行的股价可能会因此而产生反应，这分为没有显著市场反应、正向市场反应和负向市场反应三种情况。根据 Bongini 等（2015）的理论，这三种情况分别对应三种解释。

（1）不相关性解释：相关股价并没有显著反应，新的监管要求并没有给市场带来明显的变化。市场已经认为这些大型银行在面临财务困境时会得到政府和其他机构特别的支持和救助，因此对于这些新出台的监管规定并没有表现出财富效应。这些大型银行由于自身的规模、复杂性等特点已经得到了更为优惠的融资成本，因而新监管规定的出台并没有使市场对于该类银行产生约束作用。

（2）基于利润而产生反应的解释：相关股价表现出正向反应。针对系统重要性银行监管规定的出台使市场认为这些银行将会有更低的融资成本，因此会追求更高风险的业务活动，拥有更高的预期回报。这些潜在的盈利能力会让市场表现出正向的反应（即正财富效应），这可能会进一步引发该类银行的风险行为，形成道德风险。此外，对于全球系统重要性银行名单的发布，那些没有被包含进该名单的银行股价也有可能产生正向反应，即市场会认为此类银行并没有系统重要性银行所拥有的较强的复杂性和外部性，也不会面临针对入选银行的更高监管要求，对该类银行的盈利有积极的影响。

（3）监管负担解释：相关股价表现出负向反应。市场认为这些系统重要性银行会面临更高的资本要求和更严格的监管规定，这对其运行较其他银行而言形成了更强的负担，这种负担强于上述说明的正财富效应，因此市场对相关银行预期产生了负向的反应，这也说明市场对于该类银行的风险和经营行为起到了一定的约束作用。

6.2.2　研究样本

根据金融稳定理事会自 2011 年 11 月起公布的全球系统重要性银行名单，我国共四家银行先后入选。

2011 年 11 月 4 日　第一次名单：中国银行。

2012 年 11 月 1 日　第二次名单：中国银行。

2013 年 11 月 11 日　第三次名单：中国银行、中国工商银行。

2014 年 11 月 6 日　第四次名单：中国银行、中国工商银行、中国农业银行。

2015 年 11 月 3 日　第五次名单：中国银行、中国工商银行、中国农业银行、中国建设银行。

截至 2015 年末，我国 A 股共有 16 家上市银行，分别为北京银行、招商银行、平安银行、建设银行、兴业银行、南京银行、浦发银行、民生银行、中信银行、宁波银行、交通银行、华夏银行、工商银行、光大银行、农业银行、中国银行。本书针对不同事件，分别选取当时入选全球系统重要性银行名单的我国银行（G - SIBs）作为研究对象，我国其他上市银行（非 G - SIBs）作为对比银行，与全球系统重要性银行的实证结果进行对比。

6.2.3　事件及时间窗口选择

参考前人的研究方法，本书选取事件研究法来探讨针对系统重要性银行相关监管政策出台的市场反应，事件研究法即研究在事件窗期间相关银行的股票是否存在正或负的异常收益。本书所选择的事件是在 2011—2015 年期间，巴塞尔银行监管委员会、金融稳定理事会和原中国银监会出台的 9 项监管事件，每项事件均对我国系统重要性银行的监管提供了一定信息。

事件 1：2011 年 7 月 19 日，巴塞尔银行监管委员会发布《全球系统重要性银行：评估方法与附加的损失吸收能力要求》征求意见稿，这是巴塞尔银行监管委员会第一次针对系统重要性金融机构的评估方法和监管要求出台文件，并宣布第一次全球系统重要性银行名单会包含大约 28 家银行。同时，金融稳定理事会发布《系统重要性金融机构的有效处置》征求意见稿，提出相应监管要求。

事件 2：2011 年 11 月 4 日，金融稳定理事会发布第一次全球系统重要性银行名单，全球共 29 家银行入选，我国有中国银行入选。同时发布《加强系统重要性金融机构监管的强度和有效性》进度报告和《金融机构有效处置机制的关键特点》等监管文件。巴塞尔银行监管委员会发布《全球系统重要性银行：评估方法与附加的损失吸收能力要求》正式稿。

事件 3：2012 年 6 月 7 日，中国银监会发布《商业银行资本管理办法（试行)》，规定了系统重要性银行的附加资本要求。

事件 4：2012 年 11 月 1 日，金融稳定理事会发布第二次全球系统重要性银行名单，全球共 28 家银行入选，我国有中国银行入选。同时发布《加强系统重要性金融机构监管的强度和有效性》进度报告、《系统重要性金融机构处置》进度报告。

事件 5：2013 年 7 月 3 日，巴塞尔银行监管委员会发布《全球系统重要性银行：更新的评估方法与更高的损失吸收能力要求》，对全球系统重要性银行的评估标准和资本要求进行了更新。

事件 6：2013 年 11 月 11 日，金融稳定理事会发布了第三次全球系统重要性银行名单，全球共 29 家银行入选，我国有中国银行、中国工商银行入选。巴塞尔银行监管委员会同时发布其他相关信息。

事件 7：2014 年 1 月 6 日，中国银监会印发《商业银行全球系统重要性评估指标披露指引》，对相关大型银行的指标披露要求作出了规定。

事件 8：2014 年 11 月 6 日，金融稳定理事会发布了第四次全球系统重要性银行名单，全球共 30 家银行入选，我国有中国银行、中国工商银行、中国农业银行入选。巴塞尔银行监管委员会同时发布《全球系统重要性银行评估方法——得分计算》，对全球系统重要性银行的评估计算方法作出了更为详细的说明。

事件 9：2015 年 11 月 3 日，金融稳定理事会发布了第五次全球系统重要性银行名单，全球共 30 家银行入选，我国有中国银行、中国工商银行、中国农业银行、中国建设银行入选。同时发布《支持处置中运营持续性的安排》征求意见稿、《有效跨境处置行为原则》《当当地监管当局没有列席全球系统重要性金融机构的危机处置小组时的合作和信息共享指引》，对包含全球系统重要性银行在内的相关机构的运营作出安排。发布《支持全球系统重要性银行有序处置的临时资金需求》征求意见稿，对解决全球系统重要性银行的流动性不足的风险作出了规定，并且为降低道德风险，该文件规定资金来源的第一选择应是私营部门，并减少对公立部门临时流动性支持的需求。

在这 9 起监管事件中，事件 1、2、4、6、8、9 这 6 起事件与全球系统重要性银行监管名单的发布有关，从影响机制上讲，前文所说的三种情况在该类事件的影响下均可能产生，该类事件可能使市场对全球系统重要性银行有正向预期，即产生正财富效应，也可能使市场对全球系统重要性银行产生负向预期，即该类银行会面临监管负担，同时也可能不引起市场的显著反应。而事件 3、5、7 这 3 起事件为针对系统重要性银行监管要求的发布，从影响机制上讲，该类事件可能会引起市场对于全球系统重要性银行的负向预期或不产生显著的市场反应这两种情况，而不太可能使相关银行产生财富效应。针对这 9 起监管事件，本书所研究的重点在于这些事件是否会使市场对于相关全球系统重要性银行产生相应的负面预期，即是否能表现出前文所说监管负担这一理论，从而体现出市场约束在监管全球系统重要性银行方面的作用，降低该类银行的道德风险问题。

由于第一项监管事件发生时，金融稳定理事会尚未公布全球系统重要性银行名单，而有潜在可能进入该名单的银行均应作为该次事件研究对象。因此在第一次事件日时，选取 2015 年 11 月最新发布的我国四家全球系统重要性银行作为研究对象，其他上市银行作为对比银行。在其他事件日时，选取在该日进入全球系统重要性银行名单中的银行作为研究对象，若该日不是名单发布日，则选取进入前一次名单中的银行作为研究对象，其余银行作为对比银行。同时也将全部上市银行作为一组研究。

根据 Campbell 等（1997）的理论，在使用日度数据和市场模型的事件研究法中，通常选用超过 120 天的估计窗长度。本书针对各事件日，选取 ［-190，-41］共 150 个交易日作为估计窗，如此选择可以确保估计窗距事件发生尚有一段时间，因此不会受该事件的影响，同时前几次事件的估计窗也包含了受 2008 年国际金融危机影响而造成市场波动的区间，较为有代表性。本书参考 Bongini 等（2015）的方法，针对各事件日选取 3 个交易日和 5 个交易日两个事件窗，分别为 ［-2，2］和 ［0，+2］。这使事件窗的选择既考虑到事件日前期信息泄露的影响，又考虑到投资者对于事件反应较慢的可能。

此外，针对各项事件，分别将样本作以下处理：（1）剔除在估计窗停牌在一个月以上的银行；（2）剔除在估计窗开始时尚未上市的银行；（3）剔除在事件窗内出现停牌的银行。以避免其他事件对于研究结果的影响。

6.2.4 模型选择

本书使用估计窗的数据，选取标准市场模型来估计股票的正常收益，即

$$R_{i,t} = \alpha_0 + \alpha_1 R_{m,t} + \varepsilon_{i,t} \qquad (6-1)$$

其中，$R_{i,t}$ 代表股票 i 在 t 日的收益率；$R_{m,t}$ 代表市场组合在 t 日的收益率；$\varepsilon_{i,t}$ 代表残差项，其均值为 0，方差为 σ_ε^2；α_0 和 α_1 为模型的参数。

本书选用各银行股价的当日收盘价 $P_{i,t}$ 和前一日收盘价 $P_{i,t-1}$ 为基础，按公式（6-2）计算每日收益率：

$$R_{i,t} = \ln\left(\frac{P_{i,t}}{P_{i,t-1}}\right) \qquad (6-2)$$

本书以 MSCI 明晟中国 A 股指数作为市场组合指数，市场组合日收益率 $R_{m,t}$ 处理方法同上。本书所用银行股价数据和市场指数数据均来源于 Wind 资讯。

利用式（6-1）所估计的参数 α_0 和 α_1，估计事件窗中的预期收益，事件窗中各股票的异常收益采用该股票的日收益和预期收益之差，用公式（6-3）计算：

$$AR_{i,t} = R_{i,t} - E(R_{i,t}) \qquad (6-3)$$

其中，$AR_{i,t}$ 和 $E(R_{i,t})$ 分别代表股票 i 在 t 日的异常收益和预期收益。

本书针对不同的事件日，分别选取当时的 G-SIBs 和非 G-SIBs 这两组银行的异常收益及其显著性做对比，研究监管事件是否对系统重要性银行的市场预期产生了影响。由于在本研究中，所有银行都面临同样的事件日，意味着会有严重的事件集聚情况，所以进行显著性检验的统计量需要进行调整以避免出现较大偏差。各银行的收益率序列很有可能存在相关性，这会导致平均异常收益的标准差被低估，因此一般事件研究所使用的标准检验统计量在本研究中并不适用。

为解决此问题，同时增强研究的稳健性，本书共选用两项统计量作为异常收益的显著性检验统计量。第一个统计量参考 Brown 和 Warner（1985）所提出的单日异常收益检验统计量，选用 Pop 和 Pop（2009）针对其所改进的基于多日累积异常收益（CAR）的检验统计量（BW t 统计量），该统计量可以

不受各银行间收益率序列相关性问题的影响，计算公式为

$$BW\ t\ 统计量\ =\ \frac{\overline{CAR}_{[\tau_1,\tau_2]}}{\left[\ \sum_{t=\tau_1}^{\tau_2}\hat{s}^2(\overline{AR}_t)\ \right]^{\frac{1}{2}}} \qquad (6-4)$$

其中：（1）累积平均异常收益 $\overline{CAR}_{[\tau_1,\tau_2]}\ =\ \sum_{t=\tau_1}^{\tau_2}\overline{AR}_t$; $\qquad (6-5)$

（2）样本银行的平均每日异常收益 $\overline{AR}_t\ =\ \frac{1}{n}\sum_{i=1}^{n}AR_{i,t}$; $\qquad (6-6)$

（3）基于估计窗计算的各家银行在 t 时异常收益的标准差

$$\hat{s}(\overline{AR}_t)\ =\ \left[\ \sum_{t=-190}^{-41}\frac{(\overline{AR}_t-\overline{\overline{AR}})^2}{150-1}\right]^{\frac{1}{2}}; \qquad (6-7)$$

（4）$\overline{\overline{AR}}\ =\ \frac{1}{150}\sum_{-190}^{-41}\overline{AR}_t$; $\qquad (6-8)$

（5）$[\tau_1,\tau_2]$ 为事件窗区间；n 为样本银行数量。

由于运用了各银行平均异常收益的时间序列，上述检验统计量并不存在任何由于各银行股票收益率之间的相关性而产生的偏差问题。

此外，Pop 和 Pop（2009）指出，由于市场模型参数是由估计窗内的数据估计得出，异常收益在模型中表现为预测误差，因此，检验统计量之中的标准差结果应该进行调整，以避免出现高估显著性水平的情况。因此，Pop 和 Pop（2009）提出了如下调整因子：

$$k_t\ =\ \left\{1+\left(\frac{1}{150}\right)\left[1+\frac{(R_{m,t}-\overline{R}_m)^2}{\sigma_{R_m}^2}\right]\right\} \qquad (6-9)$$

其中，$\overline{R}_m$ 和 $\sigma_{R_m}^2$ 分别为估计窗内的市场收益的平均值和方差。本书最终检验统计量中的标准差计算为前述标准差计算值乘以调整因子。

由于参数检验方法所需假设为异常收益服从正态分布，为增强结果的稳健性，突破这一假设的限制，本书同时选用第二种检验统计量，即参考 Corrado（1989）所提出的非参数检验方法，基于包含估计窗和事件窗的各银行异常收益的排名计算。设 $K_{i,t}$ 表示第 i 家银行股票在估计窗和较长事件窗合并区间 Ω 内的异常收益 $AR_{i,t}$ 的排名，本研究中估计窗和较长事件窗合计总天数为155，即最小的异常收益排名为1，最大的异常收益排名为155，平均排名为

78。本书采用 Cowan（1992）对其进行改进的基于多日事件窗 $[\tau_1, \tau_2]$ 的检验统计量（Rank t 统计量），本书中计算公式为

$$Rank\ t\ 统计量 = d^{\frac{1}{2}} \frac{\overline{K_D} - 78}{\left[\dfrac{\sum_{t \in \Omega} (\overline{K_t} - 78)}{155} \right]^{\frac{1}{2}}} \qquad (6-10)$$

其中：（1）d 为事件窗天数，本书中分别为 3 天和 5 天；Ω 为 150 天估计窗和 5 天事件窗合并区间；

（2）$\overline{K_D}$ 表示 n 家银行股票在事件窗 $[\tau_1, \tau_2]$ 内的平均排名，即

$$\overline{K_D} = \frac{\sum_{t=\tau_1}^{\tau_2} \overline{K_t}}{d}; \qquad (6-11)$$

（3）$\overline{K_t}$ 表示 n 家银行股票在估计窗和事件窗的合并区间 Ω 内第 t 天的平均排名，即

$$\overline{K_t} = \frac{1}{n} \sum_{i=1}^{n} K_{i,t} \,^{①} \qquad (6-12)$$

此外，本书参考 Bongini 等（2015）的方法，在非参数检验方法中，对各银行异常收益的绝对值也进行了同样的检验。由于非参数检验是基于异常收益的排名进行，不受数据分布的影响，因此对异常收益的绝对值也同样适用。如果对异常收益原数据的非参数检验结果不能拒绝事件窗内不存在均值偏差的原假设，然而针对异常收益绝对值的检验却拒绝了原假设，则说明事件窗内的平均异常收益为 0，但异常收益的离散程度增加了。[②]

6.3　监管事件的市场反应结果分析

分别针对 9 次监管事件的我国全部上市银行、G – SIBs 和非 G – SIBs 三组银行的 CAR 和其显著性检验结果如表 6 – 1 所示。

[①]　在 3 天事件窗的检验中，异常收益平均排名也使用 78，这是由于在该检验中异常收益的排名同样是基于 150 天估计窗和 5 天事件窗共 155 天所得。

[②]　在基于异常收益绝对值的检验中，本研究只关心监管事件是否增加了异常收益的波动程度，因此所报告的 p 值是基于右尾计算的。

表6—1　针对9次监管事件的市场反应

事件1 (2011.7.19) 样本银行	数量	CAR (%) [-2, +2]	CAR (%) [0, +2]	BW t统计量 [-2, +2]	BW t统计量 [0, +2]	Rank t统计量 [-2, +2]	Rank t统计量 [0, +2]	基于绝对值的 Rank t [-2, +2]	基于绝对值的 Rank t [0, +2]
全部样本	14	-0.827	-0.600	-0.327	-0.306	0.145	0.282	-2.993	-2.591
G-SIBs	4	0.588	0.594	0.283	0.368	0.825	1.022	-2.064	-2.140
非G-SIBs	10	-1.393	-1.077	-0.458	-0.457	-0.131	-0.032	-2.806	-2.285

事件2 (2011.11.4) 样本银行	数量	CAR (%) [-2, +2]	CAR (%) [0, +2]	BW t统计量 [-2, +2]	BW t统计量 [0, +2]	Rank t统计量 [-2, +2]	Rank t统计量 [0, +2]	基于绝对值的 Rank t [-2, +2]	基于绝对值的 Rank t [0, +2]
全部样本	16	-0.389	0.123	-0.164	0.067	-0.038	0.282	-0.639	-0.947
G-SIBs	1	0.019	0.042	0.010	0.029	0.010	0.000	-2.019	-0.826
非G-SIBs	15	-0.416	0.129	-0.169	0.068	-0.041	0.298	-0.439	-0.895

事件3 (2012.6.7) 样本银行	数量	CAR (%) [-2, +2]	CAR (%) [0, +2]	BW t统计量 [-2, +2]	BW t统计量 [0, +2]	Rank t统计量 [-2, +2]	Rank t统计量 [0, +2]	基于绝对值的 Rank t [-2, +2]	基于绝对值的 Rank t [0, +2]
全部样本	14	-2.330	-3.310	-1.224	-2.242**	-0.911	-2.202**	0.661	1.050
G-SIBs	1	0.664	-0.052	0.388	-0.039	0.810	0.026	-1.579	-1.948
非G-SIBs	13	-2.560	-3.561	-1.305	-2.340**	-1.048	-2.342**	0.888	1.340*

续表

样本银行	数量	CAR（%）		BW t 统计量		Rank t 统计量		基于绝对值的 Rank t	
事件4（2012.11.1）		[−2，+2]	[0，+2]	[−2，+2]	[0，+2]	[−2，+2]	[0，+2]	[−2，+2]	[0，+2]
全部样本	16	1.764	1.615	0.985	1.162	1.343	1.606	−0.352	0.846
G−SIBs	1	1.248	1.025	0.670	0.709	0.850	0.890	0.820	1.806**
非G−SIBs	15	1.799	1.654	0.972	1.152	1.335	1.608	−0.454	0.663
事件5（2013.7.3）		[−2，+2]	[0，+2]	[−2，+2]	[0，+2]	[−2，+2]	[0，+2]	[−2，+2]	[0，+2]
全部样本	16	−6.762	−3.999	−3.540***	−2.704***	−2.185**	−1.111	1.131	−0.270
G−SIBs	1	−3.503	−2.411	−2.202**	−1.957*	−2.359**	−2.142**	0.910	1.277
非G−SIBs	15	−6.979	−4.105	−3.516***	−2.671***	−2.077**	−0.969	1.079	−0.436
事件6（2013.11.11）		[−2，+2]	[0，+2]	[−2，+2]	[0，+2]	[−2，+2]	[0，+2]	[−2，+2]	[0，+2]
全部样本	16	2.188	−0.293	0.971	−0.167	1.161	−0.368	−0.003	−1.373
G−SIBs	2	1.489	0.051	0.850	0.037	1.172	0.030	−0.899	−1.960
非G−SIBs	14	2.288	−0.342	0.939	−0.181	1.087	−0.412	0.186	−1.127

续表

样本银行	数量	CAR（%）[-2,+2]	CAR（%）[0,+2]	BW t统计量 [-2,+2]	BW t统计量 [0,+2]	Rank t统计量 [-2,+2]	Rank t统计量 [0,+2]	基于绝对值的 Rank t [-2,+2]	基于绝对值的 Rank t [0,+2]
事件7（2014.1.6）									
全部样本	16	1.031	1.673	0.438	0.916	0.362	0.937	-0.692	0.001
G-SIBs	2	-0.568	0.172	-0.315	0.123	-0.317	0.231	-0.846	-0.590
非G-SIBs	14	1.259	1.888	0.499	0.965	0.454	1.004	-0.592	0.118
事件8（2014.11.6）									
全部样本	16	0.789	1.866	0.462	1.407	0.178	1.349	1.071	0.323
G-SIBs	3	0.564	1.573	0.372	1.335	0.104	0.896	0.961	0.672
非G-SIBs	13	0.841	1.934	0.444	1.313	0.187	1.388	0.956	0.184
事件9（2015.11.3）									
全部样本	15	2.077	1.270	0.464	0.366	0.021	0.725	-2.042	-1.034
G-SIBs	4	-0.179	-0.592	-0.036	-0.154	-0.002	0.048	-2.294	-1.265
非G-SIBs	11	2.898	1.948	0.648	0.561	0.029	0.977	-1.773	-0.850

注：（1）*、**、***分别代表在10%、5%、1%的水平下显著。

（2）最后两列基于绝对值的 Rank t 统计量的显著性基于右尾计算。

事件 1 是巴塞尔银行监管委员会首次针对系统重要性金融机构发布评估方法和监管要求，并宣布第一次全球系统重要性银行名单会包含大约 28 家银行，因此该事件应对市场传达了较多的新信息。针对该事件，有进入名单可能的我国 4 家银行股票在两个事件窗内均表现出了正的累积异常收益，而其余银行则表现出了负的累积异常收益，说明该事件对我国系统重要性银行体现出了一定的正向冲击，让市场认为系统重要性银行会得到更低的融资成本，获取更多的利润，对非系统重要性银行则没有这种益处。然而该效应在三组银行的两个事件窗均不显著，也没有使异常收益体现出更大的波动性，说明市场已对几家大型银行所面对的支持和救助有一定的预期，该监管要求的出台并没有对系统重要性银行产生显著的约束作用。

事件 2 的市场效应和事件 1 表现出了类似的结果，5 天事件窗中第一次进入全球系统重要性银行名单的中国银行股票累积异常收益为正，而其余银行则为负，3 天事件窗中三组银行的累积异常收益均为正。结果说明第一次全球系统重要性银行名单的发布使市场对进入名单的中国银行产生了一定的正向预期，存在不显著的财富效应。然而同样该效应在三组银行当中均不显著，异常收益也未体现出更大的波动性，说明该名单的发布也未对相关银行市场预期产生明显的影响。

事件 3 则对我国银行体现出了显著的影响。作为中国版巴塞尔协议Ⅲ——《商业银行资本管理办法（试行）》的出台使我国上市银行整体股价在 3 天事件窗中产生了显著的负异常收益，说明该办法出台之后的几天市场对银行整体的预期明显下降，对我国银行整体产生了较强的约束作用，体现了"监管负担解释"这一理论。然而对当时系统重要性银行中国银行而言，虽然对其监管要求更高，然而该事件却未对其产生显著的影响，说明这一办法出台并未对中国银行产生较强的约束作用，这进一步说明市场认为中国银行当时的系统重要性标签存在一定的价值。

事件 4 第二次全球系统重要性银行名单的发布对三组银行都产生了并不显著的正异常收益，对进入名单的中国银行而言，仅在 3 天事件窗中其异常收益绝对值则较为显著，表明其异常收益产生了一定程度的波动性，这说明该监管事件使市场对中国银行的经营预期产生了一定的冲击作用。然而该市场约束效果仅体现为对异常收益波动性的冲击，而异常收益本身的数值则不显著，说明该市场约束效果仍然不强。

事件 5 为巴塞尔银行监管委员会对全球系统重要性银行的监管要求进行了更新，该监管事件对三组银行均产生了较为显著负异常收益，体现了"监管负担解释"。该数值在 BW t 检验下在三组银行两个事件窗中均较为显著，然而在基于排名的 Rank t 检验中，虽然 5 天事件窗中负异常收益三组银行均显著，然而在事后的 3 天事件窗中只有中国银行的负异常收益显著，这说明在事件发生后的时间区间内，该监管要求对当时为系统重要性银行的中国银行有更为显著的市场约束作用。

事件 6 第三次全球系统重要性银行名单的发布对三组银行而言均未产生显著的影响，在 5 天事件窗中三组银行均产生了正累积异常收益，3 天事件窗中对系统重要性银行产生正异常收益，对其他银行产生负异常收益。说明该事件使市场对我国中国银行、中国工商银行两家系统重要性银行有不明显的正向预期，对其的市场约束效果并不显著。

事件 7 为中国银监会对我国大型银行的披露要求作出了更为严格的规定，该监管事件在 5 天事件窗内使我国两家系统重要性银行股票有不显著的负异常收益，而在事后 3 天事件窗内的累积异常收益为正，而其余银行的异常收益在两个时间窗中均为不显著的正值。这说明该事件对我国银行业依然没有显著的市场约束效果。

事件 8 和事件 9 分别为第四次和第五次全球系统重要性银行名单的发布。从结果上看，这两次事件对三组银行的两个事件窗均未造成显著的异常收益。事件 8 对三组银行均产生了不显著的正异常收益，市场约束效果不明显。而事件 9 则仅对系统重要性银行产生了负异常收益，说明该事件使市场对四家系统重要性银行产生了负向预期，然而这一监管负担同样不显著。

综合以上结果来看，大部分监管事件对三组银行并未产生显著的影响，9 项事件中，事件 1、事件 2、事件 6、事件 7、事件 8 和事件 9 这 6 项事件均未使三组银行在两个事件窗中产生显著的异常收益，这印证了"不相关性解释"，即市场已经对相关银行进入全球系统重要性银行名单、获得相关支持与救助或者实施监管要求有一定预期，因此这几项监管事件并没有为市场传递新信息，事件出台对几组银行均未产生明显的市场约束效果。在这几项监管事件中，事件 1、事件 2、事件 6、事件 8 以及事件 7 的 3 天事件窗中全球系统重要性银行都产生了正的累积异常收益，说明这几项事件都对全球系统重要性银行产生了不显著的财富效应，这进一步印证了这几项监管事件并未对降低全球系统重要性银行的市场预期，从而降低其道德风险发挥显著的作用。

在产生较为显著影响的事件中，事件 3 的 3 天事件窗的显著负异常收益表明其对我国银行业整体产生了显著的"监管负担"，具有明显的市场约束效果，然而其对全球系统重要性银行却并未产生明显的约束作用。事件 4 虽然对全球系统重要性银行的股票收益率波动有一定冲击作用，然而对异常收益本身则无显著影响，可以认为其市场约束效果也并不十分明显。事件 5 则在事件窗中对三组银行股票收益率均产生了较为明显的负面影响，尤其对全球系统重要性银行而言事后影响更为显著，这一事件体现了较为明显的对全球系统重要性银行的"监管负担解释"。因此，仅对全球系统重要性银行而言，只有事件 4 和事件 5 产生了一定程度的影响，而事件 5 的负面影响更为显著。综合以上结果来看，对我国全球系统重要性银行而言，仅有巴塞尔银行监管委员会监管要求的发布对其起到了较强的市场约束作用，可能是由于巴塞尔银行监管委员会的监管要求较为权威和前沿，使我国的市场参与者对其发布和内容要求没有形成预期，且认为其监管要求较高，能够对我国全球系统重要性银行形成较为显著的监管负担。而我国原银监会监管要求的发布更多是基于巴塞尔银行监管委员会要求在我国实践的进一步具体化，因此该事件可能并没有向市场传递更多的新信息，且市场参与者可能已对我国大型银行形成了"大而不倒"预期，因此认为我国监管机构在结合我国国情之后出台的监管要求对我国全球系统重要性银行的运行约束效果并不明显。而其余 6 项与出台全球系统重要性银行名单有关的事件均未对我国全球系统重要性银行产生明显的市场约束效果，可能是由于市场对几家大型银行进入名单已有预期，对其可能面临的优惠融资成本和监管要求均存在预判，也可能是由于市场参与者并未对银行进入全球系统重要性银行名单的意义有较深刻的理解，因此市场既未表现出"财富效应"又未表现出"监管负担"。

6.4　市场反应与银行特征关系分析

为进一步探索银行股票收益对于监管事件的反应是否与银行自身特点有

关，本书参考 Abreu 和 Gulamhussen（2013）的方法，分别选取 3 天事件窗和 5 天事件窗的各银行累积异常收益作为被解释变量（分别为 CAR3 和 CAR5），解释变量中，选取虚拟变量 G – SIB 用于区分全球系统重要性银行和其他银行（若银行属于全球系统重要性银行，则 G – SIB 取 1，若不属于，则 G – SIB 取 0），并选取反映银行特征的变量作为控制变量，以进行回归分析。所选取的控制变量：银行规模，计算为资产总额的自然对数（Size）；反映资本的变量，包括会计概念上的所有者权益比率（所有者权益/资产总额，Cap）、监管资本中的一级资本充足率（Tier 1 ratio）；反映盈利能力的变量，包括总资产收益率（净利润/资产总额，Roa）、净资产收益率（净利润/净资产，Roe）；反映资产质量的变量，计算为贷款减值准备与贷款总额之比（Asset quality）；反映复杂性的变量，包括非利息收入与总收入之比（Non – interest ratio）、托宾 Q 值（Tobin's Q），前者可以反映各家银行业务活动的不同，后者计算为股权市值与债务账面价值之和除以资产总额，可以反映潜在的代理成本。若托宾 Q 值小于 1，则证明代理成本较高（Abreu 和 Gulamhussen，2013）。

  在数据处理上，此处选取事件 8，即 2014 年 11 月 6 日金融稳定理事会发布第四次全球系统重要性银行名单这一事件日前后的各银行累积异常收益作为被解释变量，并基于在该日是否入选名单确定虚拟变量 G – SIB 的取值，其他反映银行特征的变量均选取各银行 2014 年年报的数据。数据来源为 Wind 资讯和国泰安数据库。表 6 – 2 展示了 G – SIBs 和非 G – SIBs 的各项特征变量的描述统计，并对两组银行的各项变量进行了均值比较检验。

表 6 – 2   银行特征变量描述统计

	全部样本	G – SIBs	非 G – SIBs	G – SIBs vs 非 G – SIBs	
	平均值	平均值	平均值	差值	t 统计量
Size	29.015	30.471	28.678	1.793	3.222 ***
Cap	6.529	7.228	6.367	0.860	– 2.188 **
Tier 1 ratio	9.797	11.000	9.519	1.481	1.957 *
Roe	18.488	18.415	18.505	– 0.090	– 0.080
Roa	1.170	1.263	1.148	0.116	1.505

续表

	全部样本	G – SIBs	非 G – SIBs	G – SIBs vs 非 G – SIBs	
	平均值	平均值	平均值	差值	t 统计量
Asset quality	2. 609	2. 993	2. 520	0. 473	1. 327
Non – interest ratio	22. 833	24. 066	22. 548	1. 517	0. 379
Tobin's Q	101. 642	100. 690	101. 861	– 1. 171	– 2. 181 **

注：（1）＊、＊＊、＊＊＊分别代表在 10%、5%、1% 的水平下显著。

（2）最后一列代表对 G – SIBs 和非 G – SIBs 两组银行进行的均值比较检验结果。

可以看出，系统重要性银行与非系统重要性银行在规模和资本方面存在
较大差异，我国系统重要性银行的规模和资本充足情况显著大于其他银行，
可见我国系统重要性银行的风险抵御能力较强。此外，系统重要性银行的托
宾 Q 值显著低于其他银行，说明我国系统重要性银行的代理成本较其他银行
高，然而从数值上看，两组银行的平均托宾 Q 值均大于 1，说明两组银行的代
理成本均不高。在其他几项指标上，两组银行并未表现出显著差异。

本书分别将各银行基于 3 天和 5 天事件窗的累积异常收益作为被解释变
量，并将其分别与虚拟变量 G – SIB 和加入控制变量后的所有解释变量进行回
归，回归结果如表 6 – 3 所示。

表 6 – 3　　　　　　　　累积异常收益与银行特征变量回归结果

	CAR3				CAR5			
	系数	t 统计量	系数	t 统计量	系数	t 统计量	系数	t 统计量
C	1. 934	3. 876 ***	99. 639	1. 288	0. 841	1. 357	23. 909	0. 220
G – SIB	– 0. 361	– 0. 313	1. 955	1. 240	– 0. 276	– 0. 193	2. 000	0. 901
Size			– 1. 468	– 1. 515			– 1. 091	– 0. 801
Cap			– 1. 076	– 0. 250			0. 486	0. 080
Tier 1 ratio			– 1. 974	– 1. 720			– 3. 089	– 1. 913
Roe			– 1. 631	– 1. 189			– 1. 922	– 0. 996
Roa			37. 019	1. 731			43. 611	1. 449

续表

	CAR3				CAR5			
	系数	t 统计量	系数	t 统计量	系数	t 统计量	系数	t 统计量
Asset quality			-0.897	-0.703			-1.390	-0.775
Non - interest ratio			-0.168	-1.074			-0.253	-1.150
Tobin's Q			-0.356	-0.569			0.287	0.326

注：*、**、***分别代表在 10%、5%、1% 的水平下显著。

从表中可以看出，本研究最为关心的变量 G - SIB 在各组回归中均不显著，说明我国银行是否被金融稳定理事会列入全球系统重要性银行名单中与市场对该银行的预期并没有显著的关系，这也进一步验证了之前的实证结果，即在该次事件中，金融稳定理事会发布全球系统重要性银行名单并未对市场传递新信息，也就意味着该次监管事件并未对我国系统重要性银行起到市场约束的作用，并不能促使相关银行降低其道德风险。另外，其他银行特征变量的回归系数均不显著，表明这些银行特征并不能解释市场对于该次监管事件的反应。

6.5　本章结论

本书基于 2011—2015 年金融稳定理事会、巴塞尔银行监管委员会和我国银监会出台的与我国系统重要性银行相关的 9 次监管事件，采用事件研究法分别研究其对于我国上市银行整体、系统重要性银行和非系统重要性银行股票收益率的影响，进而分析这一系列监管事件是否影响了市场对于我国相关银行的预期而发挥相应的市场约束作用，是否起到了降低相关系统重要性银行道德风险的监管效果。研究结果表明：

（1）9 次监管事件中，只有 2013 年 7 月 3 日巴塞尔银行监管委员会发布更新后的全球系统重要性银行监管要求，这次监管事件对我国当时的系统重要性银行中国银行的股票收益产生了显著的负面影响，体现出了"监管负担解释"，即这次监管事件使市场对于我国全球系统重要性银行产生了负面预期，体现出了较强的市场约束作用，较好地达到了降低全球系统重要性银行道德风险的监管效果。而其他 8 次监管事件均未使我国全球系统重要性银行的股票产生显著负异常收益，体现出"不相关性解释"，即这几次监管事件均未对我国全球系统重要性银行产生明显的监管效果。其中原中国银监会发布《商业银行资本管理办法（试行）》这一事件虽然对我国银行业整体产生了显著的负面影响，然而对监管要求更高的系统重要性银行中国银行却未产生显著影响，这说明市场认为中国银行当时的系统重要性标签产生了一定的价值，对其持较其他银行而言更为乐观的态度，进一步说明这一办法出台并未对中国银行产生显著的市场约束作用。

（2）针对金融稳定理事会发布第四次全球系统重要性银行名单这一事件，我国银行是否进入名单与市场对于银行的预期并没有显著的关系，该次监管事件并未显著降低市场对于相关全球系统重要性银行的预期绩效，即市场并未对这类银行形成有效的约束，没有起到降低其道德风险的作用，且其他银行特征均不能解释市场对于该事件所产生的反应。

总之，本研究发现仅有巴塞尔银行监管委员会监管要求的发布对全球系统重要性银行起到了较强的市场约束作用，这可能由于巴塞尔银行监管委员会的监管要求较权威和前沿，使得市场参与者对其并未形成预期，且认为其对我国全球系统重要性银行运行能够形成有效的监管约束。而我国监管机构监管要求的发布以及全球系统重要性银行名单的发布相关事件均未产生较明显的市场约束作用，这一方面可能是由于市场对这几次事件存在预期，这几次事件所传递的新信息较少；另一方面可能由于市场对我国监管要求针对大型银行的有效约束作用的理解和发挥效果的信心不足，以及对于银行进入全球系统重要性银行名单的理解不足。从整体而言，市场预期对于有关我国系统重要性银行大多数监管信息的发布不敏感，这与 Abreu 和 Gulamhussen（2013）针对全球"大而不倒"银行监管效果所做研究的结果一致。从 Bliss 和 Flannery（2002）所提出的市场约束发挥作用需要的监控和影响两个环节来看，本研究的结果表明，针对大多数监管事件，市场参与者并没有将我国系统重要性银行所面临的监管负担考虑在内，在大多数情况下依然认为系统重要性银行标签会对银行产生价值，认为政府部门对于系统重要性银行的扶持政策并未因对其更高的监管要求受到影响，因此，股票收益也没有体现出负面影响。在第一环节监控作用没有发挥出效果的情况下，第二环节的影响作用也无法相应地得到体现，不能对相关银行从事高风险行为形成约束，进而起到降低这些银行道德风险的作用。这也进一步印证了一些学者从其他的角度，采用其他方法进行研究而得出的我国银行业市场约束作用较弱的结论（何问陶和邓可斌，2004；张正平和何广文，2005；巴曙松等，2010；段海涛，2011），并且支持了我国公众所存在的"大而不倒"预期和对银行的"规模偏好"效应，即相对于小型银行而言，对于大规模银行和系统重要性程度强的银行的市场约束作用更弱（马草原和王岳龙，2010；谢懿等，2013；汪航等，2015）。

因此，对于加强我国系统重要性银行的监管而言，需进一步加强有关措施以发挥市场约束的作用，使市场对于金融机构的评估从规模这一角度逐渐转换为对于其风险和经营绩效情况的重视，尤其需要加大我国银保监会等国内监管机构对于相关大型银行的监管力度，加强市场对于国内监管要求发布对相关银行约束作用的理解，以及加深市场对于银行进入全球系统重要性银行名单所存在意义的理解。主要措施除加强信息披露外，还可以包括将我国政府目前对于大型银行的"隐性担保"机制逐渐变为有限制的显性金融安全网机制，对大型金融机构进行股权结构改革，加强对投资者的培养和引导等。

第7章　系统性风险监管的实践经验分析

本书前几章从理论和实证的角度，分别分析了我国系统性风险的测度方法和整体水平、系统性风险所表现出的传染性特征和系统性风险监管中市场约束的效果，加深了人们对于我国系统性风险水平、特征和监管方法及其效果的理解。本章基于前几章的研究思路，将学术理论和监管实践相结合，对系统性风险的度量预警方法、引发系统性危机的传染效应的防范和系统性风险监管中市场约束的加强这几方面进行了国内外实践经验的总结和分析。

7.1　系统性风险的度量和预警方法

7.1.1　国际实践经验分析

一、基于宏观视角的方法

由于各个国家的经济体制、经济基础、数据和技术条件各不相同，因此至今各国并没有统一的系统性风险监测与预警方法，大多数方法仅在学术研究中予以讨论。目前国际上的监管机构实际应用的较为典型的方法包括几种金融危机早期预警模型、金融压力指数法和宏观压力测试等。

早期预警模型中，国际货币基金组织所使用的两种早期预警模型包括DCSD模型和KLR模型，前者的优点在于兼具准确的预测率和基础指标选取的全面性，且基于样本外数据的危机预测也有较好的效果，而后者的优势在于所使用的噪音信号比这一指标有利于加强风险基础指标选取的准确性。

金融压力指数法的应用中，比较典型的包括美国的堪萨斯州金融压力指数（KCFSI）以及国家金融状态指数（NFCI）这两种指数，用于监测美国的系统性风险状况。KCFSI由Hakkio和Keeton（2009）构建，为月度指数，其基础指标选取了涵盖货币、债券和股票市场的11个经济变量，所运用的指数构建方法为主成分分析法，该指数在运用中并没有设定明确的门限值，而是建议监管当局根据指数当前数值与历史上金融危机发生时的指数数值进行比较来制定相关政策。NFCI 由 Brave 和 Butters（2010，2012）构建，为周度指数，该指数运用动态因子模型的计算方法，涵盖回购、证券和衍生品市场的 100 个金融变量计算得出，指标选取较为全面，并运用受试者工作特征曲线（ROC 曲线）法进行了门限值分析，用于政策制定的参考。

在宏观压力测试的实际操作中，除了由国际货币基金组织和世界银行所发起的金融部门评估规划（FSAP）压力测试项目已在世界范围内得到了广泛应用外，一些国家和地区也在 FSAP 的基础上发展起来了针对本国的宏观压力测试系统，这些系统多采用多种方法结合应用以度量系统性风险。较为典型的包括奥地利中央银行的 SRM 系统、墨西哥银行和荷兰中央银行的系统性风险监测系统，这些系统均是以宏观压力测试为基础，设定宏观情景以度量相应的风险因子变化，再综合网络分析法的思想，由计算出的初始损失度量系统的损失（朱元倩和苗雨峰，2012）。此外，美国也在 2009 年开始推出监管资本评估项目（SCAP），将压力测试作为宏观监管的重要工具，在 2010 年的《多德—弗兰克法案》中，要求同时开展公司层面和监管层面的压力测试，即将"自上而下"和"自下而上"的压力测试方法相结合。英格兰银行开发的 TD 压力测试系统主要使用的是"自上而下"方法，重在分析市场微观主体，如居民、企业、政府、金融机构之间的传染渠道。

二、基于微观视角的方法

基于金融机构微观视角度量系统性风险的方法，如条件在险价值（Co-VaR）法、边际预期损失（MES）法、夏普利值（Shapley Value）法和极值理论（EVT）法等，在国际各监管机构当中并没有得到广泛的应用，基于这几种方法所度量的金融机构对系统性风险的贡献度，以及系统重要性金融机构的判定等，仅局限于学术层面的讨论，这主要是由于这些方法对数据和技术要求均较高，实施较为困难，且理论模型较为复杂，也存在较多假设，对系统性风险的度量是否有效在学术层面上尚有争议。目前国际上常用的系统重要性金融机构的识别方法为较为简单直观的指标打分法，各国在数据和技术层面上的实施均较为容易。国际货币基金组织（IMF）、国际清算银行（BIS）和金融稳定理事会（FSB）（2009）共同发布的《系统重要性金融机构、市场和工具的评估指引》中，提出了规模（Size）、关联性（Interconnectedness）和可替代性（Limited Substitutability）三个系统重要性评估标准，评估模板如表 7-1 所示，这是国际金融监管机构首次对系统重要性金融机构进行评估定义。根据上述指标，巴塞尔银行监管委员会（BCBS）（2013）发布的系统重要性评估指标包括规模（Size）、相互关联性（Interconnectedness）、可替代性/金融机构基础设施（Substitutability/Financial Institution Infrastructure）、复杂性（Complexity）以及跨境业务活动（Cross-jurisdictional Activity）五类指标，具体指标如表 7-2 所示。

表 7-1　　　　　　IMF/BIS/FSB 的系统重要性评估模板

	评分	具体评论
1. 规模		
1.1　具体方面		
……		
2. 可替代性		
2.1　具体方面		
……		
3. 关联性		
3.1　具体方面		
……		

资料来源：IMF/BIS/FSB（2009）。

表 7-2　　　巴塞尔银行监管委员会的系统重要性评估指标

类别	指标	权重
规模（20%）	风险暴露总额	20%
相互关联性（20%）	金融体系内的资产	6.67%
	金融体系内的负债	6.67%
	证券余额	6.67%
可替代性/金融机构基础设施（20%）	支付业务	6.67%
	受托资产	6.67%
	在债券和股票市场上的承销量	6.67%

续表

类别	指标	权重
复杂性（20%）	场外衍生品名义价值	6.67%
	交易中和可供出售的证券	6.67%
	第三级资产	6.67%
跨境业务活动（20%）	跨境债权	10%
	跨境负债	10%

资料来源：BCBS（2013）。

7.1.2　我国实践经验分析

一、基于宏观视角的方法

我国作为发展中国家，金融体系运行尚不成熟，数据、技术和相应的专业人员基础均存在不足，因此，虽然围绕探索适合我国的系统性风险度量和预警方法的学术研究较为丰富，然而大多数方法并未在监管机构对系统性风险的实际监测中使用。从监管实践中看，在我国实际应用且逐步推广的基于宏观视角的系统性风险评估方法为宏观压力测试。

宏观压力测试源于国际货币基金组织和世界银行的 FSAP 项目，随着该项目在世界各国的大力推行，我国的宏观压力测试也已逐步成为在应用中的系统性风险和金融稳定的评估方法。2003 年 9 月中国银监会根据 FSAP 项目的要求，在我国各商业银行推行包括利率变动、汇率变动、准备金调整、不良贷款变动对商业银行资本金和盈利能力影响的压力测试项目，并且由银监会汇总由四大国有银行开发的压力测试模型，发至各银行自主开展压力测试项目，且撰写报告。2004 年，中国银监会发布《商业银行市场风险管理指引》，进一步明确了压力测试的设计和实施的各项技术要求。在 2007 年和 2008 年，中国银监会相继要求部分银行对一些专项贷款进行压力测试，以及进行流动性压力测试，并于 2007 年联合普华永道和国际货币基金组织等机构指导各大银行和各省市分行学习压力测试技术和方法。在 2012 年开始实施的《商业银行流动性风险管理办法（试行）》中将压力测试作为流动性风险管理的重要部分。虽然宏观压力测试在中国银监会的推动下在各商业银行进行了一定程度的开展，也取得了一定成效，但是从公布的成果上看尚处于初步阶段，尚需不断完善。中国人民银行自 2012 年起在年度金融稳定报告中加入了 17 家主要商业银行的压力测试结果的定量分析,显示我国银行体系资本充足和资产质量水平较高,抗冲击能力较强,这标志着我国的宏观压力测试实践取得了重要的成果。

从我国系统性风险度量和预警方法的应用前景看,宏观压力测试虽然已逐步推广并取得了一定成果,但是从实施流程、人员培训、数据和基础支持、国际合作等多方面均存在改进的空间。对于其他方法而言,也可以参考国外实践经验,并基于我国金融和经济体系的实际情况,选择其中的合适方法进一步在监管实践中予以推广。

二、基于微观视角的方法

对于从金融机构微观视角出发的系统性风险度量方法而言,由于其对技术和数据的要求均较高,且在学术层面上尚存争议,在世界范围内尚未得到广泛的应用,对于我国而言在实践层面上操作起来则更为困难,因此在本书第 3 章所讨论的基于金融机构业务特征和基于金融机构与金融系统关系的方法在我国的监管实践中同样未得到广泛应用。

在我国系统重要性金融机构的识别方面,我国目前主要参考巴塞尔银行监管委员会等国际监管机构所提出的指标打分法作为标准。中国银监会 2011 年发布的《中国银行业实施新监管标准的指导意见》指出国内系统重要性银行的评估主要考虑规模、关联性、复杂性和可替代性四个方面因素。中国保监会在 2016 年 8 月公布的《国内系统重要性保险机构监管暂行办法(第二轮征求意见稿)》指出,国内系统重要性保险机构的认定主要考虑规模、公司治理、外部关联性、资产变现和可替代性等因素,并于 2016 年 5 月面向国内的16 家保险机构开展了国内系统重要性保险公司(D – SII)评定数据收集工作。从这一系列的工作也可以看出,简单直观的指标法对于国内外而言均是较为实用的系统重要性金融机构评估方法,我国的具体评估办法的制定和相关机构名单的认定也处于初步开展当中。指标法虽然不能直接度量相关机构对于系统性风险的贡献度,但对监管当局对于系统重要性金融机构的认定和监管而言,该方法依然具有十分重要的参考价值。

7.2　引发系统性危机的传染效应的防范

7.2.1　国际实践经验分析

一、防范跨机构和跨市场传染的措施

传染的发生是引发系统性危机的重要因素之一，随着各国金融业务的不断发展，对外开放程度不断提高，跨机构、跨市场和跨国的联系也在不断加深，进而导致了传染风险的上升和传染现象的发生，这一点在许多实证研究中也能得到体现。从本书第 5 章的理论分析中可以看出，银行体系是可能发生跨市场传染的重要潜在渠道，银行体系的稳定运行对于防范因传染而导致的系统性危机爆发而言具有十分重要的意义，因此对于银行机构间传染的防范，尤其是对大型银行和银行集团间传染的防范也成为国际组织和各国监管机构防范传染的重点。对于降低金融集团之间的传染风险，毛竹青（2014）将国际上的主要监管措施总结为对内部交易与大额风险暴露的管理、"防火墙"的建设等。

针对内部交易与大额风险暴露管理，巴塞尔银行监管委员会在 2012 年颁布的《有效银行监管的核心原则》中提出，银行应制定相应政策和办法来管理风险集中，并且监管机构应设定银行对于单个交易对手或关联交易对手集团的风险暴露总额。在原则 20 中，提出银行应按公平原则进行关联方交易，并且监测这些交易，采取适当措施来控制和缓释这种风险，且按照相应规则来核销与关联方的风险暴露（BCBS，2012）。在巴塞尔银行监管委员会 2014 年颁布的《计量及控制大额风险暴露的监管框架》中，对于大额风险暴露的监管进行了更具体的规定，并特别指出了对于系统重要性金融机构的风险暴露应有更严格的限制（BCBS，2014）。由巴塞尔银行监管委员会、国际证监会组织（IOSCO）和国际保险监督官协会（IAIS）共同设立的联合论坛在 2012 年公布的《金融集团监管原则》第 28 条中，也对金融集团的风险集中、内部交易和风险暴露的管理流程和报告程序作出了一定的规定（Joint Forum，2012）。大额风险暴露监管的目的在于，在交易对手突然破产的情况下，将金融机构所面临的最大损失控制在并不危及银行偿付能力的水平之内，因此对

于防范机构间的传染进而引发系统性危机是一项十分重要的工具。

针对"防火墙"的建设，许华伟和王晓（2012）将国际上常用的金融"防火墙"根据作用分为以责任独立承担为标准的法人"防火墙"和以业务之间分割为标准的业务"防火墙"。法人"防火墙"主要存在于法律层面，而随着金融创新和金融混业经营的不断发展，一些业务的责任较难从法律层面上加以区分，因此国际上对于业务"防火墙"建设的经验更值得借鉴。业务"防火墙"根据其在金融集团和关联企业之间进行隔离的项目，可分为资金"防火墙"、人事"防火墙"和信息"防火墙"几种。资金"防火墙"的建设在美国的《联邦储备法》和1999年11月通过的《金融服务现代化法案》（GLB法案），以及日本对于金融控股公司的"防火墙"制度中都得到了体现，主要措施包括将金融集团与关联企业和非关联企业的交易置于同等条件下对待，此举为限制通过内部交易进行传染，另一项措施为对开展综合化经营的机构加以资格限制，此举目的在于限制金融机构对于其他业务的不恰当的投资活动，防范其造成传染。人事"防火墙"的目的在于限制由于人员兼职而造成的业务交叉和传染，其主要措施为对金融机构相关工作人员的职责进行限制，包括对每项业务设立专门的账簿，交易人员与后台人员进行分开操作和管理，相互监督，如在日本对于金融控股公司的制度中包括对于金融集团中母公司和子公司的交易人员分开管理，且对于银行控股公司董事兼职也作出了一定的限制。信息"防火墙"的目的在于防止由于相关信息流动而造成人员的利益冲突和不正当竞争，进而造成风险的产生和危机的传染，如日本规定金融机构的母公司和其附属证券机构之间原则上不得交换客户信息，且日本和美国都对母子公司的信息传递、公司内部向外部的信息传递和内幕交易等行为作出了规定。

二、防范跨国传染的措施

跨国传染的防范在世界经济一体化不断加强的背景下，更加受到各国监管部门的关注，从本书第5章的理论分析中可以看出，跨国传染的渠道主要分为贸易渠道、金融渠道和投资者行为渠道三种，同时一个国家的经济体制特征和金融脆弱性程度也会对跨国传染风险造成影响，因此，从贸易和金融角度进行一定的风险防范措施，适当限制与其他国家贸易和金融之间关联性，也成为一些国家降低跨国传染风险，增强金融系统稳健性的主要措施。

从各国防范跨国传染的具体措施上看，与我国同为发展中国家的拉丁美洲几个国家的外汇市场风险防范经验较值得借鉴。拉丁美洲国家在2007—2009年的国际金融危机时期，经济体系的稳定性表现强于东欧国家，这与其稳定的金融体系风险管理措施有较强的关系。由于金融体系对外程度较高，且经济体系美元化程度较高，拉丁美洲国家为降低通过外汇市场为潜在渠道的跨国传染风险实施了一些措施，这些措施主要围绕对外汇风险暴露的限制展开。刘志洋和宋玉颖（2016b）对几个拉丁美洲国家防范外汇市场传染的经验进行了总结。秘鲁监管当局的措施主要为要求各金融机构建立包括识别和监测外汇风险暴露的风险管理体系，具体包括重点监测存在外汇风险暴露的客户、进行本币贬值情形下的压力测试、建立危机处置机制、针对外汇风险计提拨备和相应的资本。乌拉圭监管当局的主要措施包括对没有对冲的外币贷款设置较高的风险权重，对外币贷款均设置较高的拨备率要求，并要求银行按照对借款人还款能力的评估设定相应的拨备率。巴西的措施主要围绕控制国际资本流入而引起的新贷款快速增长展开，具体做法为对国际资本投资的固定收益类产品征税，征税覆盖市场包括固定收益市场、股票市场、外汇市场和利率远期市场。同时，巴西还对银行所涉入的外币和本币的期货和现货交易行为进行限制，并限制外汇衍生产品头寸，目的在于减少巴西所持有的外汇负债，进而限制他国的金融冲击通过外汇市场向国内的传染。

7.2.2 我国实践经验分析

一、防范跨机构和跨市场传染的措施

我国金融体系以银行为主导，从我国降低跨机构和跨市场传染风险的实践看，监管机构的主要措施以防范通过银行而引发的传染为主，同时也着重于防范金融集团尤其是银行集团内部传染的发生。主要措施与国际监管实践类似，包括内部交易与大额风险暴露管理和"防火墙"建设等。

在内部交易和大额风险暴露的管理上，我国目前有关的法律法规主要集中于对客户集中度的监管方面，其中《商业银行法》、2010年银监会修订后的《商业银行集团客户授信业务风险管理指引》和2014年银监会发布的《关于规范金融机构同业业务的通知》中，对商业银行对于同一交易对手的授信

和融资额度作出了一定的限制，规定了其不得超过资本额度的一定比例。在银监会 2014 年末发布的《商业银行并表管理与监管指引》中，对银行集团的集中度管理和内部交易管理的相关措施进行了更为详细的描述。在集中度管理方面，提出银行集团应对于同一或同一类风险、同一或相关联客户、同一产品或业务品种等进行更为严格的管理；在内部交易管理方面，提出"商业银行应当指定牵头部门负责银行集团内部交易管理，建立识别、监测、报告、控制和处理内部交易的政策、权限与程序"，"关注由此产生的不当利益输送、风险延迟暴露、监管套利、风险传染和其他对银行集团稳健经营的负面影响"。从这一系列的监管法律法规来看，我国监管机构虽然对于内部交易和大额风险暴露有一定的监管措施，然而相关条款仍然较少，且对金融机构的具体管理行为描述仍较为模糊，尚未出台针对内部交易和大额风险暴露的专门法规。巴塞尔银行监管委员会 2014 年所出台的《计量及控制大额风险暴露的监管框架》与我国现行法律法规相比，作出了更为具体的管理规则，其所提出的风险暴露计量要求更高，适用的客户范围更大，对于交易限额的要求也更为严格（冯张伟，2016）。然而，我国商业银行的关联方、资产结构和数据基础情况均与西方银行的实际情况存在一定的不同，李佳颐（2013）指出，资产规模占比较大，且因政策导向影响信贷投放存在较高集中度的大型银行，以及对同业融资依赖较强的银行机构，均会因大额风险暴露管理的强化而面临很大的压力。因此，我国监管机构在参考巴塞尔银行监管委员会以及其他国际监管组织和各国监管机构对内部交易和大额风险暴露的监管经验时，应将其与我国金融体系现状结合，出台更为适合我国的监管法规。

在"防火墙"的建设方面，中国银监会在 2014 年发布的《商业银行并表管理与监管指引》中，也针对银行集团的"防火墙"建设作出了一定的规定，包括对存在潜在利益冲突的业务领域、集团内部各机构的信息传递、存在利害关系的岗位之间设立"防火墙"，而且还提出我国的"防火墙"制度应包括机构分离、内部交易的业务限制以及具体业务的限制措施。从具体实践来看，我国监管机构对于"防火墙"在防范跨业、跨机构传染方面已经具有较好的认识，并在逐步推进相关工作。在未来发展上，我国在继续进行"防火墙"制度建设的同时，还应注意"防火墙"所带来的负面影响。在资金"防火墙"的建设当中，若机构之间正常资金流动受到影响，可能反而会加剧流动性风险,进而使传染风险上升,引发系统性危机。此外,资金"防火墙"的建设可能会忽略其对负债方的影响,造成消费者由于信息受损导致的挤兑现象(许华伟和王晓,2012)。因此,在"防火墙"的建设过程当中应综合考虑各方面因素的影响。

二、防范跨国传染的措施

对于防范我国和他国之间的跨国传染,我国监管当局主要措施为通过对外汇市场予以管理,对外汇风险暴露和国际资本流入进行管理和限制。我国国家外汇管理局在 2013 年发布的《关于加强外汇资金流入管理有关问题的通知》中对于银行结售汇头寸限额、进出口企业货物贸易的外汇收支分类管理、强化银行外汇管理责任意识和加大核查和处罚力度等方面均作出了规定,旨在防范跨境资金流动而引起的传染。

从未来发展看,随着人民币国际化进程和"一带一路"倡议等的推进,外汇市场可能产生更大的风险暴露,并引发更高的传染风险。因此,围绕外汇市场展开的降低传染风险的措施对我国而言最为重要,应进一步参考国外经验,加强通过外汇市场而进行跨国传染的防范,也可进一步降低外汇市场与国内其他子市场之间的跨市场传染风险。

7.3　系统性风险监管中市场约束的加强

在 2004 年 6 月出台的巴塞尔资本协议 II 中,已正式将监督检查和市场约束纳入监管框架,作为和最低资本要求这一支柱相并列的第二和第三支柱。自此,国际监管组织和各国监管当局也加强了对市场约束这一监管手段的重视,并出台了相应监管法规。市场约束是指市场参与者在了解金融机构经营状况的基础上,根据市场规则采取相应行动,从而迫使金融机构能够有效而合理地分配资金、控制风险,保持充足的资本水平。这一监管手段也作为宏观审慎监管的重要组成部分,在规范金融机构的经营行为,尤其是控制存在"大而不倒"效应的系统重要性金融机构的高风险行为,加强其风险管理意识方面能够起到一定的作用,降低金融机构所产生的系统性风险。从国内外实践来看,市场约束的加强已成为各国监管的趋势,对于我国而言,也存在着一些可以改进的问题。

7.3.1　国际实践经验分析

一、信息披露要求的加强

在国际监管组织和各国监管当局的监管规定中，信息披露一直被作为市场约束要求的核心。在 2004 年出台的巴塞尔协议 II 对于市场约束的要求中，对于银行资本、风险暴露和风险管理提出了一定的信息披露要求。自此之后，巴塞尔银行监管委员会在 2006 年 6 月发布的巴塞尔协议 II 完整版中，进一步完善了相关信息披露要求，并在随后出台的相关文件中对具体风险的披露要求进行了细化。之后，针对 2007—2009 年金融危机中所暴露的问题，巴塞尔银行监管委员会专门将巴塞尔协议 II 和巴塞尔协议 III 中的市场约束要求作为重点进行了一系列的修订，所出台的主要规定包括 2011 年 7 月的薪酬披露要求、2012 年 6 月的资本披露要求、2014 年 1 月对于杠杆率框架和流动性覆盖率的披露要求、2015 年 1 月的修订版第三支柱披露要求、2015 年 6 月的净稳定资金比例披露要求，以及 2016 年 3 月对于第三支柱披露要求的巩固与强化框架的征求意见稿，且特别在 2013 年 7 月发布的《全球系统重要性银行——评估方法与附加损失吸收能力要求》中对符合一定条件的大型银行的财务信息披露设定了特定的模板，提出了更高的信息披露要求。这一系列更高且更细化的信息披露要求作为巴塞尔协议 III 第三支柱的补充，旨在进一步加强金融机构信息的透明度、一致性和可比性，以帮助市场参与者对银行，特别是对于大型银行的经营信息获得更为直观的了解，以市场的力量迫使相关银行加强其经营的审慎性，减少其带来的系统性风险。

二、基于市场约束的显性存款保险制度的发展

从各国的监管实践看，存款保险制度、中央银行的最后贷款人制度和资本监管制度被视为降低系统性风险、防范金融和经济体系发生系统性危机的金融安全网。然而金融安全网的实施会与市场约束的作用形成一定的冲突，使市场参与者对金融机构的监管、风险和经营信息的判断发生改变，降低市场约束的效果。范小云（2006）指出，金融安全网的实施对政府、银行和市场监管力量的分配产生了调整，突出了政府的作用，存款保险制度和政府监管的加强使市场约束的效果发生了损失，同时存款保险制度和最后贷款人制度也可能带来银行的道德风险问题，削弱银行内部的监管水平。因此，各国

监管当局对如何将市场约束融入金融安全网的实施进行了一定的探索，尤其对于基于市场约束的显性存款保险制度的建设形成了更多的实践经验。

根据佘桂荣（2009）所进行的总结，国际上的存款保险制度为加强与市场约束作用的结合，已形成了几项发展趋势。一是以强制性保险取代自愿性保险，这一点从 20 世纪 90 年代以来的各国参与自愿与强制性存款保险的金融机构数量变化可以得到体现，强制性保险的实施能够使低风险经营的银行也加入到监督高风险银行的行列中，降低由于自愿参与保险而出现的"逆向选择"和道德风险问题。二是由公私共同管理的事先保险基金数量在各国逐步增加，这种基金大多由政府和银行共同出资设立，而不是完全由政府出资，由于银行的参与，使其能够有降低自身高风险经营行为，同时监督其他银行审慎经营活动的激励。三是普遍对保险范围和额度进行限制，一般实行存款保险制度的国家的主要保障对象为居民等小额存款主体，对其他政府或机构的大额存款人实行有区别的保险制度，对其保障的产品范围也作出了一定的限制，尽量降低对高风险业务的保障，此外在保险额度方面也进行限制，对于单个存款人及存款账户实行保险限额，降低多账户运作的风险。四是加强对共同保险的实施，即保险机构实行固定比例的保险，要求存款人在银行发生困境时也承担一定比例的损失。五是实行根据风险而进行调整的保险费率，根据风险而设定的保险费率本身就可以给市场提供相应投保机构的风险信息，对于高风险实行高保费也为金融机构限制自身的风险行为提供了激励。

7.3.2　我国实践经验分析

从国际通用做法来看，加强市场约束的重点在于加强信息披露，提高透明度，改善信息不对称，从巴塞尔协议对于信息披露要求的逐步规范和细化来看，对信息披露要求的提高已成为各国监管加强的趋势。从我国的相关监管实践来看，自我国银行业 2007 年启动对巴塞尔协议的实施以来，各监管当局也将市场约束作为第三支柱重点发展，对信息披露要求进行了健全，努力与巴塞尔协议的框架靠拢。银监会 2007 年发布的《商业银行信息披露办法》、2012 年发布的《商业银行资本管理办法（试行）》、2015 年发布的《商业银行流动性覆盖率信息披露办法》等，均在巴塞尔协议的框架下对我国商业银行的信息披露要求进行了完善。同时，针对大型银行，银监会也在 2014 年 1

月发布了《商业银行全球系统重要性评估指标披露指引》，对大型银行提出了更高的信息披露要求。证券公司方面，证监会在 2006 年发布了《关于证券公司信息公示有关事项的通知》。保险公司方面，保监会也在 2010 年公布了《保险公司信息披露管理办法》。此外，针对国内系统重要性保险机构，保监会在 2016 年 3 月和 8 月对《国内系统重要性保险机构监管暂行办法》分别进行了两轮意见征求，该办法征求意见稿中专门针对国内系统重要性保险公司的监管和信息报送提出了更高的要求，并规定保监会定期披露 D - SII 名单，另外保监会于 2016 年 5 月面向国内的 16 家保险机构开展了国内系统重要性保险公司评定数据收集工作，也意味着对于这类大型保险机构的信息需求更高。

从我国各监管当局对于金融机构的信息披露要求来看，我国金融机构的信息披露框架正逐步健全，并与巴塞尔协议的要求相靠拢。然而在信息披露要求的发布和实施的过程当中，监管当局还应将我国金融市场的实际情况考虑在内。在信息披露框架较为完备、金融体系较成熟的国家，信息披露的加强对于市场约束效果的加强较为有效，然而一些研究也表明，在信息披露框架尚未完备、金融体系较脆弱的国家，对信息披露的加强反而可能会加重金融体系的混乱，引发系统性风险的升高（佟盛华和罗建春，2003；范小云，2006）。因此在对金融体系和信息披露框架进行完善的同时，也应配合其他更严格的金融监管政策，才能真正达到加强市场约束，稳定金融系统运行的效果。

7.4　本章结论

本章围绕系统性风险的度量和预警方法、引发系统性危机的传染效应的防范、系统性风险监管中市场约束的加强三个方面，对国内外的系统性风险监管实践进行了总结和分析。研究结果表明：

（1）在系统性风险的度量和预警方面，目前各国监管实践中并无统一方法，国际上基于宏观视角的主要应用方法为几种金融危机早期预警模型、金融压力指数法和宏观压力测试等，基于微观视角的方法为用于识别系统重要性金融机构的指标法，而我国主要运用的从宏观和微观视角出发的方法分别为宏观压力测试和指标法。本章指出，由于我国的金融和经济体系运行尚不成熟，数据、技术和专业人员基础不足，一些方法在我国实操中尚存在困难，然而仍可在参考国外经验的基础上予以推广，现有方法的运用也尚未成熟，存在改进的空间。

（2）在传染效应的防范方面，目前国内外防范跨机构和跨市场传染的主要措施包括内部交易与大额风险暴露的管理和"防火墙"的建设，防范跨国传染的主要措施为通过外汇市场对风险暴露和资本流动的限制。本章认为，对于我国而言，在内部交易和大额风险暴露管理方面，相关条款仍较少，操作规定不具体，且由于我国银行与西方银行的业务情况和数据基础存在不同，应结合我国实际出台相关法规。在"防火墙"建设方面，我国仍需考虑其可能带来流动性风险的加剧和对负债方的负面影响，在建设中对其予以重视。另外，由于我国与他国联系正逐步加深，通过对外汇市场的管理以防范跨国传染也应成为重点。

（3）在加强市场约束方面，国际上主要措施包括对信息披露要求的加强和显性存款保险制度的建设，而我国的信息披露框架也在不断完善。然而对于我国而言，还应考虑到信息披露可能会加重金融体系混乱的负面效应，因此在对金融体系和信息披露框架进行完善的同时，也应配合其他更严格的金融监管政策。此外，由于金融安全网的建设可能和市场约束存在一定冲突，从国际实践上看，各国已普遍在存款保险制度中加入了加强市场约束的相关举措，这一点为我国的显性金融安全网建设提供了借鉴。

第8章　研究结论与对我国的政策建议

8.1　研究结论

本书围绕我国系统性风险的度量、传染性和监管效果这三方面展开，旨在加深人们对我国系统性风险水平和特征的理解，同时为我国系统性风险的监管实践提供参考。本书通过进行理论分析、实证分析和实践应用分析，得出以下研究结论。

（1）在系统性风险的度量和预警方面，已有开发出的主要方法可以分为金融危机早期预警模型、基于金融机构业务特征的系统性风险度量方法、基于金融机构与金融系统关系的系统性风险度量方法、金融压力指数法和宏观压力测试五类。这五类方法中，从金融机构角度出发的方法和宏观压力测试对机构层面微观数据和技术要求较高，而早期预警模型和金融压力指数法多基于宏观数据出发，对数据和技术要求较为灵活。从使用效果看，早期预警模型、金融压力指数法和宏观压力测试主要用于度量较为宏观的系统性风险，而基于金融机构特征的方法多用于识别对系统性风险贡献度较大的机构。本书进一步选择了较适合我国的金融压力指数法，通过选取货币、债券、股票和外汇市场涵盖的 12 项金融压力基础指标数据，运用主成分分析法和各指标间交叉相关性矩阵，为我国构建了一项周度金融压力指数（FSI），并通过分析证明该 FSI 的走势与样本区间内系统性事件发生情况基本吻合，其当前数值与门限值比较可以用于判断未来第 7 个月的经济所处区制，具有一定前瞻性，因此该指数对我国系统性风险测度有较好的效果。该指数的测度结果表明，我国系统性风险总体水平较低，区制分析结果同样表明，我国高压力区制出现较少，经济运行总体较为稳定。

（2）在系统性风险所表现出的传染性特征方面，从引发传染的渠道和机制的理论分析来看，银行间传染渠道主要包括由外部因素引发的被动式传染、银行间实际业务联系和由信息引发的银行倒闭的溢出效应。在多市场传染机制方面，银行体系同样发挥了较大的作用，且其他市场间也会通过业务联系和互相持有资产负债而发生传染现象。跨国传染渠道主要包括贸易渠道、金融渠道和投资者行为渠道。在我国的跨市场潜在传染机制中，银行体系和外汇市场发挥了较大的作用，而我国与他国的跨国传染风险也在不断上升。在实证研究中，本书发现我国的跨市场传染风险总体较低，然而债券市场与货币市场、股票市场与外汇市场间传染风险较高，应防范通过银行间市场和外资流动产生的传染。通过中国和美国之间的跨国传染性特性分析，本书发现在发生冲击时，两国之间表现出了一定的传染效应，且具备双向性，除了在两国系统性风险水平较高，发生危机时产生了传染效应外，在两国的系统性风险水平和各市场整体关联度较低时，一些金融事件也会使特定市场之间产生较高的传染风险，均应得到两国监管部门关注。此外，中国的股票市场和外汇市场与美国的四个子市场之间的传染风险较高，两国间外汇市场最高，应采取措施重点管理和控制。

（3）在我国系统重要性银行的市场约束效果方面，本书发现，在所选取的9次监管事件中仅有巴塞尔银行监管委员会发布更新后监管要求这一事件对相关全球系统重要性银行股票收益产生了显著的负面影响，其他8次事件均未使相关银行股票产生显著的负异常收益。这表明在大部分情况下，市场约束在对我国系统重要性银行的监管中并未起到显著作用，未达到降低该类银行道德风险的效果。本书支持了我国公众所存在的"大而不倒"预期和对银行的"规模偏好"效应，同时也支持了其他学者得出的我国银行业市场约束作用较弱的结论。

（4）通过对系统性风险监管的国内外实践经验分析，本书指出，在系统性风险度量和预警方面，我国目前监管实践中的基于宏观和微观视角的方法分别为宏观压力测试和指标法，而由于我国的金融和经济体系运行尚不成熟，数据、技术和专业人员基础不足，一些方法在我国实操中尚存在困难，但仍可在参考国外经验的基础上予以推广，现有方法也存在改进的空间。对于传染效应的防范，我国在内部交易和大额风险暴露管理方面，相关条款仍较少，操作规定不具体，且由于我国银行与西方银行的业务情况和数据基础存在不同，应结合我国实际出台法规。在"防火墙"建设方面，我国仍需考虑其可能带来流动性风险的加剧和对负债方的负面影响，在建设中对其予以重视。另外，由于我国与他国联系正逐步加深，通过对外汇市场的管理以降低跨国传染风险也应成为重点。在加强市场约束方面，我国在加强信息披露力度的同时，还应考虑到信息披露可能会加重金融体系混乱的负面效应，因此在对金融体系和信息披露框架进行完善的同时，也应配合其他更严格的金融监管政策。此外，在显性金融安全网的建设中，我国可以参考国外经验，在其中加入加强市场约束的措施。

8.2 对我国的政策建议

8.2.1 系统性风险的度量和预警方法

虽然我国尚未发生过大规模金融危机，本书研究结论也表明我国系统性风险水平总体较低，经济运行较为稳定，然而我国的系统性风险依然在 2008 年国际金融危机、2013 年银行业"钱荒"事件以及 2014 年末俄罗斯卢布危机时期呈现出较高水平。因此，探索一套适合我国的系统性风险度量和预警体系对于监测我国金融和经济体系运行状况，出台相应政策具有重要意义。

一、基于宏观视角的方法

结合国际实践和我国实际情况，较适合我国的系统性风险度量方法为对数据和技术要求较低、使用较为灵活的金融压力指数法，以及已经在各国有着较多运行经验，并在我国逐步推行的宏观压力测试。

对于金融压力指数法，虽然我国目前的监管实践尚未应用，然而从应用前景上看，本书研究指出该方法主要使用宏观经济数据，数据易得，且构建模型和确定门限值的方法均较为灵活，并不需以曾经发生过金融危机为使用前提，因此对于监测我国系统性风险状况而言较为适合。本书已为构建我国的金融压力指数作出了一定的尝试，所构建的指数在度量我国系统性风险方面有着较好的应用效果。此外，金融压力指数也可以结合 KLR 模型中所使用的噪音信号比的方法，作为构建指数所用的基础指标的选取标准，进一步加强基础指标选取的客观性和准确性。

从宏观压力测试的发展前景看，由于压力测试在各国已经有了较为丰富的实践经验，结合我国已有的实践基础，该方法在我国系统性风险度量和预警方面会逐步发挥更大的作用。在我国相关实践中，可以在以下几个方面进一步改进。第一，在实施过程中，可以使各银行基于微观数据所进行的"自下而上"方法与目前由银保监会和央行所推动的"自上而下"方法相结合开展，并参考美国的相关实践经验实行，这样不仅可加强各银行压力测试结果的准确性，并可将两种方法的结果互相印证，还可以加深各银行通过压力测试进行自身风险管理的主动意识，而使其不仅为应付监管机构要求而开展。第二，继续加强对相关人员的培训和数据技术的支持工作，目前压力测试仅在大型银行的实践中推进较快，应尽快加强尤其是中小银行的人员和技术培训工作，制定适应于中小银行的压力测试规程，此外可以将宏观压力测试的推进与我国金融压力指数的构建工作结合开展，进一步推进相关数据库建设，且为我国系统性风险度量和预警提供多重参考。第三，加强我国和其他发达国家以及国际金融组织的合作，积极推进 FSAP 等国际项目的开展，以提高我国压力测试的技术水平和在相关国际规则制定方面的话语权。

而系统性风险度量和预警的其他方法，对我国而言目前尚不完全适用。金融危机早期预警模型虽然对技术和数据的要求不高，然而其开发需要以该国家或地区在一定标准下被认为曾经发生过危机为前提，根据历史上危机事件的特征选取相应的经济指标建模。由于我国一般被认为尚未发生过系统性金融危机，且对于我国是否发生过危机和危机发生的标准在一些文献中尚存在不同的观点。因此金融危机早期预警模型这一方法尚不完全适用于我国的系统性风险监管实践。

二、基于微观视角的方法

本书所讨论的大部分基于微观视角的方法对于数据和技术的要求均较高，且在学术上尚存争议，并不适用于我国监管实践。然而我国金融体系以银行为主导，因此从银行的特征出发而开发的系统性风险度量方法，尤其是识别对系统性风险贡献较大的银行对于我国的金融监管而言依然有十分重要的意义，需要在理论和实践层面继续推进。从应用前景而言，由于我国上市银行数量较少，数据累积时间较短，从数据质量和技术要求方面均存在较大困难，且对于大型银行我国政府会提供一种"隐性担保"机制，加强了其抵御风险的能力，也增大了对其系统性风险贡献度测量的难度。范小云（2006）指出，对于我国银行业系统性风险测算，可以使用"模拟法"克服数据量不足的困难，此外在运用银行间信息测度系统性风险时，要考虑到政府隐含担保的因素，同时由于支持银行稳定的重要来源是财政资金，因此也要考虑到财政危机和银行危机之间的关系。

另外，由于简单直观的指标打分法已在我国监管实践中得到运用，这一方法应继续成为我国对于系统重要性机构衡量的主要方法。

8.2.2　引发系统性危机的传染效应的防范

本书的研究结论指出，我国总体系统性风险水平虽然不高，然而在一些金融子市场之间依然存在一定的传染风险，同时美国与中国之间也存在传染，因此对于我国监管当局而言，防范跨市场和跨国传染，降低传染风险十分重要。

一、对传染风险和传染效应的监测工作

我国目前尚无实际应用对系统性风险度量和预警的指标体系，因此对于传染的监测工作也尚未开展。从本书研究中可以看出，虽然我国系统性风险水平总体不高，但即使在系统性风险整体水平较低时，也会因为子市场发生的特定事件而造成较高的跨市场和跨国传染风险，因此加强跨市场和跨国传染风险和传染效应的实时监测，识别具体的传染渠道，应成为我国监管当局防范传染发生的重要基础工作。从本书基于金融压力指数法对我国金融体系传染性特征的研究可以看出，金融压力指数这一方法不仅可以用于系统性风险水平的监测，也可以用于跨市场和跨国传染风险和传染渠道的监测，因此，我国可以基于这一方法，选择合适的市场和机构的风险度量指标，开发传染风险和传染效应的监测框架。

二、防范跨机构和跨市场传染的措施

从跨市场和跨机构的传染角度来看，本书研究结论表明我国各子市场间的传染风险虽在整体上低于美国，然而债券市场与货币市场、股票市场与外汇市场之间依然存在较高的传染风险。结合各市场对系统性风险的贡献度来看，我国货币市场和债券市场的贡献度较高，因此防范这两个子市场之间的传染应成为我国监管机构所关注的重点，这两个市场之间共同的交易媒介为银行间市场，另外，我国金融体系以银行体系为主导，因此，我国相关机构应采取一定的措施加强银行机构间，以及通过银行和银行间市场而产生传染的防范。我国目前在内部交易与大额风险暴露管理和"防火墙"建设方面已有一定实践基础，基于此仍可以进一步加强。

在内部交易和大额风险暴露的管理上，具体工作有以下几点。第一，参考国际相关监管规定，建立适合我国的更加细化的有关内部交易和大额风险暴露管理的规定，根据我国金融机构的实际情况设立大额风险暴露限额，并且可以根据不同的银行类型和规模实行差异化监管。第二，加强数据的积累和采集渠道建设，强化对数据的分析和信息系统的建设工作，为集中度风险管理提供基础。第三，加强对金融集团内部交易行为的规范，及时督促金融集团进行相关交易的监测、分析和报告。

在"防火墙"的建设方面，我国应借鉴国外经验，继续加强业务"防火墙"，即分别为资金"防火墙"、人事"防火墙"和信息"防火墙"的建设工作。此外，还应考虑到"防火墙"可能存在对于流动性风险的加剧和对于负债方的负面影响，在建设当中综合考虑各方面因素，针对不同的业务和机构的特点，设置相应的限制，真正做到在一定程度上阻隔传染的作用。

此外，还应加强相关金融机构的信息披露，提高透明度，加强监管机构对信息掌握的同时能更好地发挥市场约束的作用，共同限制金融机构的相关交易行为，降低传染风险。我国目前的相关法律法规虽然对金融机构的财务和风险状况披露有一定程度的要求，但是涉及传染和相关利益者之间利益关系的相关信息披露要求相对较少，披露的实际情况也尚需加强。具体披露信息可以包括金融机构之间的交叉持股状况和人员任职情况，以及关联交易和内部交易的额度和交易对象等情况。

三、防范跨国传染的措施

本书研究表明，我国和美国之间存在一定的跨国传染风险，冲击发生时存在传染效应，且我国的外汇市场和股票市场与美国四个子市场之间的传染风险均较高，结合我国国内跨市场传染性特征的分析结果来看，我国的外汇市场和股票市场间同样存在较高的传染风险。因此，防范通过这两个市场而进行跨国传染，对于防范我国国内跨市场传染也具有重要作用。本书已指出，贸易渠道、金融渠道和投资者行为渠道是三种跨国传染渠道，而这三种渠道均可能会造成通过我国的外汇市场和股票市场而发生的跨国传染，因此，对于我国而言，降低跨国传染风险的措施应为限制国内外贸易和金融之间的联系和提振投资者信心。由于投资者行为并不能直接通过监管手段进行干预，但通过贸易和金融方面的手段，实现经济和金融系统稳健性的增强，以及相关国际合作和政策协调的加强，均可以达到提升投资者信心，减弱"羊群效应"的效果。具体而言，我国降低跨国传染风险的措施包括对外汇风险暴露和国际资本流入进行管理和限制、加强国际合作两个方面。

有关外汇风险暴露和国际资本流入管理和限制的相关措施，基本围绕外汇市场开展。从本书的研究结果可知，我国外汇市场同他国的传染风险最高，且该风险随着我国对外联系密切可能进一步上升，因此，围绕外汇市场而展开的传染防范措施对我国而言最为重要，也可进一步防范外汇市场和股票市场间以及其他子市场之间的跨市场传染。目前我国外汇市场已采取一定的对风险暴露和资本流动进行管理的措施，从进一步防范通过外汇市场传染的措施来看，拉丁美洲国家的政策措施较值得我国监管当局参考。其主要借鉴措施包括：对外汇风险暴露进行监测，对外汇衍生产品的交易、外币贷款等业务进行监测并设置相应限额；对外汇风险暴露计提相应的拨备；开展在外币贬值等情境下进行的压力测试；对短期流入资本按一定比例征税等。

加强国际层面合作，加强国际经济政策协调也是防范跨国传染进而导致跨国金融危机发生的重要措施。具体来讲，应加强我国与贸易伙伴国以金融机构之间存在联系国家的监管当局的合作，如加强跨国金融机构所涉及的各国监管当局监管信息交流和监管措施的协调合作，以进一步加强对于跨国机构的监管水平和监管效果，防范跨国传染的发生。这一点还可以提振各国市场信心，防范从投资者行为渠道所引发的传染。

8.2.3　系统性风险监管中市场约束的加强

通过本书研究可以看出，我国银行业的整体市场约束效果较弱。我国对于系统重要性银行虽然在某些情况下存在一定的市场约束作用，然而在大多数情况下，市场约束仍然没有起到显著的效果，尤其对于系统重要性银行这类存在"大而不倒"效应的大型银行而言，市场依然会在某些情况下对其较其他银行持更为乐观的态度，这进一步增加了对其进行市场约束的难度，市场约束并不能相应地起到促使这类银行减少风险行为，降低道德风险和外部性的效果。因此，我国还需参考国际相关经验，同时结合我国金融监管的实际情况，采取相应措施提高市场约束的效果，真正使市场投资者加强对于这类大型金融机构风险和经营情况的关注。

一、对信息披露的要求

我国目前的信息披露要求框架正逐步健全，然而由于信息披露的加强存在加重金融体系混乱的可能，我国监管机构应结合我国金融体系和投资者专业水平的实际情况，不能贸然推进，在信息披露加强的同时，应采取其他监管措施以维护市场信心。

此外，除了监管当局对于信息披露要求的加强外，我国还应根据实际情况建立由第三方发起的监督体系，如审计机构、信用评级机构和媒体平台等，全方位健全我国金融机构信息披露体系，让市场更好地了解金融机构尤其是大型金融机构的经营和风险情况。

二、基于市场约束的显性金融安全网的建设

对于我国而言，政府对于大型金融机构存在"隐性担保"机制，这种隐性担保机制一方面使得相关金融机构，尤其是大型银行对于自身的风险情况关注程度下降，易于鼓励其进行高风险经营活动，导致道德风险的发生；另一方面也使得市场参与者缺乏对于这些大型金融机构进行监督的激励。因此，即使信息披露制度不断健全，但市场会认为政府对于一些金融机构的支持依然存在，市场约束作用依然不强。因此，将这种政府"隐性金融安全网"逐渐变为"显性金融安全网"，降低公众对于政府支持的预期，才能使市场约束作用更加有效。从存款保险制度的国际实践中看，一般而言，显性存款保险制度下，市场约束要比在隐性存款保险制度下能够发挥更大的作用（范小云，2006）。

同时，本书在国际经验分析中提到，由存款保险制度、中央银行的最后贷款人制度和资本监管制度组成的金融安全网，也和市场约束的效果存在一定的冲突，因此，我国金融安全网的具体实施上，可以参考国外相关国家的建设经验，尽量能够在金融安全网建设过程中加入加强市场约束的机制。在存款保险制度方面，可以在保险的强制性、保险资金的公私管理、对保险额度和范围的限制、共同保险的实施以及差额保险费率的设置等方面进行建设，

在最后贷款人制度实施的同时也尽量限制政府的保障作用，采取设置限额等措施，才能在推进显性金融安全网建设的同时，尽量发挥市场约束的作用。

三、金融机构的股权结构改革

我国目前大型金融机构的股权结构中一直存在国有股权过于集中的问题，我国几家大型商业银行虽然进行了股权结构改革，然而并未改变这一现象，这也使我国投资者无法消除对相关银行的"大而不倒"预期，进而成为市场约束作用无法发挥效果的主要原因之一。因此，应继续推进我国金融机构，尤其是大型金融机构的股权多元化进度，逐步降低国有股比重，使相关金融机构在运行当中更加重视自担风险、自负盈亏的理念，同时能够在更公平的环境下与其他中小金融机构竞争。这不仅会使市场对于金融机构的评估从规模这一角度逐渐转换为对于其风险和实际经营绩效情况的重视，也更能发挥市场约束的作用。

四、专业投资者的培养和引导

我国金融体系以银行为主导，银行存款是我国大部分投资者所选择的资金投入方向，而政府对于银行体系存在"隐性担保"机制，因此我国投资者的这一习惯也使得其对于银行风险和经营状况并不敏感，缺乏对于银行，尤其是大型银行进行约束的动机。而随着我国金融体系的不断完善，非银行金融机构的业务也逐步发展，我国应继续引导投资者加强对于基金、信托、证券、保险等金融机构业务和产品的认识，使投资者关注到银行产品以及其他金融机构产品的风险和绩效情况，引导资金的多元化流向。在投资者的培养和引导方面，应以机构投资者的引导为主，机构投资者的专业水平更高，也更能够从专业的角度识别金融机构的风险和经营情况，并作出自身的投资选择，对于市场约束机制的有效运转能够起到更大的作用。

8.3　研究存在的不足之处和未来研究展望

本书主要围绕我国系统性风险的度量、传染性和监管效果进行了一定的探索，然而在以下几个方面尚存不足，在未来研究中有待补充。

第一，对于系统性风险度量和预警的研究尚需深入和精确。在系统性风险度量和预警方法的比较分析中，本书仅从理论探讨层面对各方法的所需数据、建模方法和应用特征进行了定性比较，并未基于实际数据对各方法的应用效果进行实证比较，限制了对各方法研究的深入性和精确性。在为我国构建金融压力指数的实证研究中，本书对于各子指标的选取仅基于金融理论进行定性选取，选取结果并不全面、客观，在未来研究中，可以参考 KLR 模型中的信号分析法基于定量标准选取指标，并加入其他可能影响系统性风险的指标，以进一步加强对于系统性风险的度量和预警的精确性。

第二，对于可能引发我国系统性危机的传染性特征尚需更为细致的分析。本书在针对我国系统性风险所表现出的传染效应和传染风险而进行的实证分析中，仅基于货币、债券、股票和外汇四个子市场的框架对传染性特征进行了较为粗略的研究，而对于传染风险和传染效应的具体影响因素仅进行了简单的推断，并没有进行更为深入的实证分析，且本书对于跨国传染的实证分析仅选取了中国和美国之间的传染性特征进行研究。未来对于传染的研究也可以从机构之间的传染性特征入手，并可以在进行跨国传染机制研究时，选取更多国家为研究对象，进行更为细致的分析。

第三，对于系统性风险的监管效果的研究可以从其他角度进行补充。本书所选的视角为系统重要性银行的市场约束效果，而且仅选择了市场对于监管机构发布系统重要性银行监管规则的反应这一较小的角度进行了实证分析，而针对市场约束效果，尚可以选用其他角度和方法展开研究，例如市场针对金融机构所发布信息的反应等角度，为这一话题的研究进行补充。此外对于系统性风险的监管效果也可以基于其他角度展开研究，例如从监管机构对于机构风险的监管效果、金融机构本身的风险管理效果等角度出发均存在进一步研究的空间。

第四，结合我国实际经济和金融运行情况而进行的定性分析略显不足。整体上看，本书所运用的研究方法中理论分析和定量分析较为丰富，而结合我国实际经济和金融体制以及运行情况，进而对我国系统性风险的生成机制和演变特征等方面的探讨有待进一步深入。这一点能够从更为实际的角度增强人们对我国系统性风险的理解，也是下一步应该展开的重要研究方向。

此外，围绕系统性风险这一话题的研究角度还有很多，本书仅选取了我国系统性风险的度量、传染性和监管效果这几个方面进行了一定的探索，而对于有关系统性风险其他问题的探讨在未来研究中均可以进一步补充。

参考文献

［1］巴曙松，高江健. 基于指标法评估中国系统重要性银行［J］. 财经问题研究，2012（9）：48－56.

［2］巴曙松，居姗，朱元倩. 我国银行业系统性违约风险研究——基于 Systemic CCA 方法的分析［J］. 金融研究，2013（9）：71－83.

［3］巴曙松，张阿斌，朱元倩. 中国银行业市场约束状况研究——基于巴塞尔新资本协议第三支柱视角［J］. 财经研究，2010（12）：49－61.

［4］白雪梅，石大龙. 中国金融体系的系统性风险度量［J］. 国际金融研究，2014（6）：75－85.

［5］曹麟，彭建刚. 基于宏观压力测试方法的逆周期资本监管框架研究［J］. 国际金融研究，2014（7）：62－71.

［6］陈国进，马长峰. 金融危机传染的网络理论研究述评［J］. 经济学动态，2010（2）：116－120.

［7］陈强，乔兆纲. 宏观压力测试特征、实施框架与政策建议［J］. 金融论坛，2011（7）：32－36.

［8］陈守东，王妍. 金融压力指数与工业一致合成指数的动态关联研究［J］. 财经问题研究，2011（10）：39－46.

［9］陈忠阳，刘志洋. 国有大型商业银行系统性风险贡献度真的高吗——来自中国上市商业银行股票收益率的证据［J］. 财贸经济，2013（9）：57－66.

［10］陈忠阳，许悦. 我国金融压力指数的构建与应用研究［J］. 当代经济科学，2016（1）：27－35.

［11］陈忠阳，许悦. 对我国系统重要性银行的市场约束真的有效吗——基于 9 起监管事件的实证研究［J］. 经济理论与经济管理，2017（8）：60－74.

[12] 邓向荣, 曹红. 系统性风险、网络传染与金融机构系统重要性评估 [J]. 中央财经大学学报, 2016 (3): 52-60.

[13] 段海涛. 我国银行业市场约束对监管有效性的影响分析 [J]. 上海金融, 2011 (10): 61-66.

[14] 范小云. 繁荣的背后: 金融系统性风险的本质、测度与管理 [M]. 北京: 中国金融出版社, 2006.

[15] 范小云, 王道平, 刘澜飚. 规模、关联性与中国系统重要性银行的衡量 [J]. 金融研究, 2012 (11): 16-30.

[16] 方意, 赵胜民, 王道平. 我国金融机构系统性风险测度——基于 DGC-GARCH 模型的研究 [J]. 金融监管研究, 2012 (11): 26-42.

[17] 方意, 郑子文. 系统性风险在银行间的传染路径研究——基于持有共同资产网络模型 [J]. 国际金融研究, 2016 (6): 61-72.

[18] 冯超. 监管改革、外部冲击与银行预期盈利——基于事件研究法的经验分析 [J]. 经济与管理研究, 2016 (5): 58-65.

[19] 冯张伟. 巴塞尔委员会大额风险监管镜鉴 [J]. 中国农村金融, 2016 (18): 83-85.

[20] 高国华, 潘英丽. 银行系统性风险度量——基于动态 CoVaR 方法的分析 [J]. 上海交通大学学报, 2011 (12): 1753-1759.

[21] 高国华, 潘英丽. 基于资产负债表关联的银行系统性风险研究 [J]. 管理工程学报, 2012 (4): 162-168.

[22] 高岳, 朱宪辰. 基于极值理论的沪综指尾部风险度量 [J]. 财贸研究, 2009 (5): 102-108.

[23] 宫晓琳. 未定权益分析方法与中国宏观金融风险的测度分析 [J]. 经济研究, 2012a (3): 76-87.

[24] 宫晓琳. 宏观金融风险联动综合传染机制 [J]. 金融研究, 2012b (5): 56-69.

[25] 苟文均, 袁鹰, 漆鑫. 债务杠杆与系统性风险传染机制——基于 CCA 模型的分析 [J]. 金融研究, 2016 (3): 74-91.

[26] 何问陶, 邓可斌. 中国上市银行资本充足率信号效应实证研究 [J]. 财经论丛, 2004 (6): 36-40.

［27］华晓龙. 基于宏观压力测试方法的商业银行体系信用风险评估
［J］. 数量经济技术经济研究, 2009 (4)：117 – 128.

［28］黄孝武, 柏宝春, 徐昕. 国外系统重要性金融机构监管的实践及借
鉴 ［J］. 中南财经政法大学学报, 2012 (6)：54 – 60.

［29］黄在鑫, 覃正. 中美主要金融市场相关结构及风险传导路径研
究——基于 Copula 理论与方法 ［J］. 国际金融研究, 2012 (5)：74 – 82.

［30］贾彦东. 金融机构的系统重要性分析——金融网络中的系统风险衡
量与成本分担 ［J］. 金融研究, 2011 (10)：17 – 33.

［31］江春, 许立成. 金融监管与金融发展：理论框架与实证检验 ［J］.
金融研究, 2005 (4)：79 – 88.

［32］赖娟. 潜在的危机——中国金融系统性风险研究 ［M］. 北京：中
国财政经济出版社, 2011.

［33］李丛文, 闫世军. 我国影子银行对商业银行的风险溢出效应——基
于 GARCH – 时变 Copula – CoVaR 模型的分析 ［J］. 国际金融研究, 2015
(10)：64 – 75.

［34］李佳颐. 商业银行大额风险敞口的测算与控制——评巴塞尔委员会
《大额风险敞口测算与控制监管框架》［J］. 国际金融, 2013 (8)：26 – 30.

［35］李建军, 薛莹. 中国影子银行部门系统性风险的形成、影响与应对
［J］. 数量经济技术经济研究, 2014 (8)：117 – 130.

［36］李江, 刘丽平. 中国商业银行体系信用风险评估——基于宏观压力
测试的研究 ［J］. 当代经济科学, 2008 (6)：66 – 73.

［37］李涛. 商业银行监管的国际比较：模式及影响——兼论中国的商业
银行监管模式选择 ［J］. 经济研究, 2003 (12)：43 – 51.

［38］李研妮. 我国系统性金融风险压力指数的测量与应用分析 ［J］. 南
方金融, 2013 (10)：43 – 48.

［39］梁琪, 李政, 卜林. 中国宏观审慎政策工具有效性研究 ［J］. 经济
科学, 2015 (2)：5 – 17.

［40］廖岷, 林学冠, 寇宏. 中国宏观审慎监管工具和政策协调的有效性
研究 ［J］. 金融监管研究, 2014 (12)：1 – 23.

［41］刘璐, 王春慧. 基于 DCC—GARCH 模型的中国保险业系统性风险

研究 ［J］. 宏观经济研究, 2016 (9): 90 - 99.

　　［42］刘吕科, 张定胜, 邹恒甫. 金融系统性风险衡量研究最新进展述评 ［J］. 金融研究, 2012 (11): 31 - 43.

　　［43］刘平, 杜晓蓉. 对金融危机风险传染效应的比较研究——基于静态与动态 Copula 函数的分析 ［J］. 经济经纬, 2011 (3): 132 - 136.

　　［44］刘晓星, 方磊. 金融压力指数构建及其有效性检验——基于中国数据的实证分析 ［J］. 管理工程学报, 2012 (3): 1 - 6.

　　［45］刘志洋. 宏观审慎管理: 框架、机制与政策选择 ［M］. 北京: 中国金融出版社, 2017.

　　［46］刘志洋, 宋玉颖. 宏观审慎监管政策工具实施及有效性国际实践 ［J］. 中国社会科学院研究生院学报, 2016a (1): 50 - 55.

　　［47］刘志洋, 宋玉颖. 宏观审慎视角下拉丁美洲国家保障金融体系稳定实践经验借鉴 ［J］. 金融发展研究, 2016b (7): 63 - 69.

　　［48］马草原, 王岳龙. 公众"规模偏好"与银行市场约束异化 ［J］. 财贸经济, 2010 (2): 5 - 11.

　　［49］马君潞, 范小云, 曹元涛. 中国银行间市场双边传染的风险估测及其系统性特征分析 ［J］. 经济研究, 2007 (1): 68 - 78.

　　［50］马勇. 金融稳定与宏观审慎: 理论框架及在中国的应用 ［M］. 北京: 中国金融出版社, 2016.

　　［51］毛奉君. 系统重要性金融机构监管问题研究 ［J］. 国际金融研究, 2011 (9): 78 - 84.

　　［52］毛竹青. 银行集团风险传染防范的国际经验和启示 ［J］. 国际金融, 2014 (9): 26 - 32.

　　［53］苗文龙. 金融危机与金融市场间风险传染效应——以中、美、德三国为例 ［J］. 中国经济问题, 2013 (3): 89 - 99.

　　［54］佘桂荣. 基于市场约束的国际显性存款保险制度改革趋势及启示 ［J］. 金融理论与实践, 2009 (4): 57 - 61.

　　［55］沈坤荣, 李莉. 银行监管: 防范危机还是促进发展?——基于跨国数据的实证研究及其对中国的启示 ［J］. 管理世界, 2005 (10): 6 - 23.

　　［56］沈悦, 戴士伟, 罗希. 中国金融业系统性风险溢出效应测度——基

于 GARCH – Copula – CoVaR 模型的研究［J］. 当代经济科学, 2014 (6): 30 – 38.

［57］石大龙, 白雪梅. 网络结构、危机传染与系统性风险［J］. 财经问题研究, 2015 (4): 31 – 39.

［58］史建平, 高宇. KLR 金融危机预警模型研究——对现阶段新兴市场国家金融危机的实证检验［J］. 数量经济技术经济研究, 2009 (3): 106 – 117.

［59］苏冬蔚, 肖志兴. 基于亚洲六国宏观数据的我国金融危机预警系统研究［J］. 国际金融研究, 2011 (6): 14 – 24.

［60］苏明政, 张庆君, 赵进文. 我国上市商业银行系统重要性评估与影响因素研究——基于预期损失分解视角［J］. 南开经济研究, 2013 (3): 110 – 122.

［61］隋聪, 谭照林, 王宗尧. 基于网络视角的银行业系统性风险度量方法［J］. 中国管理科学, 2016 (5): 54 – 64.

［62］覃筱, 任若恩. 多元极值的参数建模方法及其金融应用: 最新进展述评［J］. 统计研究, 2010 (7): 65 – 72.

［63］佟盛华, 罗建春. 新西兰银行监管的经验——兼论发展中国家的适用性［J］. 技术经济与管理研究, 2003 (2): 79 – 80.

［64］汪航, 许坤, 黎之玮. 系统重要性、市场约束与宏观审慎管理的有效性［J］. 投资研究, 2015 (12): 51 – 63.

［65］王大威. 系统性金融风险的传导、监管与防范研究［M］. 北京: 中国金融出版社, 2013.

［66］王辉, 李硕. 基于内部视角的中国房地产业与银行业系统性风险传染测度研究［J］. 国际金融研究, 2015 (9): 76 – 85.

［67］王珏. 中国系统重要性银行风险防范和监管研究［D］. 南开大学, 2014.

［68］王献东, 何建敏. 金融市场间的风险传染研究文献综述［J］. 上海金融, 2016 (7): 50 – 58.

［69］王小叶, 赵昕东. 中国经济费雪效应再检验——基于随机波动时变参数模型分析［J］. 宏观经济研究, 2015 (11): 47 – 55.

[70] 吴恒煜，胡锡亮，吕江林. 我国银行业系统性风险研究——基于拓展的未定权益分析法 [J]. 国际金融研究，2013（7）：85-96.

[71] 肖敬红，闻岳春. 基于 KLR 模型的我国股市系统性风险预警研究 [J]. 上海金融，2013（5）：81-84.

[72] 肖璞，刘轶，杨苏梅. 相互关联性、风险溢出与系统重要性银行识别 [J]. 金融研究，2012（12）：96-106.

[73] 肖兴志，韩超. 中国银行业监管效果的实证研究 [J]. 产业经济研究，2008（4）：29-36.

[74] 谢懿，刘胤，柯建华. 银行规模与银行市场约束——对银行业“大而不倒”现象的分析 [J]. 金融论坛，2013（9）：53-58.

[75] 徐超. 系统重要性金融机构救助制度：理论、效应与发展趋势 [J]. 经济社会体制比较，2015（1）：58-67.

[76] 徐芳，张伟. 系统性金融风险中我国大型商业银行的“贡献”度衡量 [J]. 上海金融，2014（3）：62-67.

[77] 许涤龙，陈双莲. 基于金融压力指数的系统性金融风险测度研究 [J]. 经济学动态，2015（4）：69-78.

[78] 许华伟，王晓. 银行业综合化经营与金融安全问题——兼论我国金融防火墙的设置 [J]. 学术论坛，2012（7）：138-141.

[79] 许悦. 系统性压力综合指数的有效性研究 [J]. 统计与决策，2017（2）：166-170.

[80] 薛昊旸. 系统重要性金融机构的外部性及其宏观效应研究 [J]. 经济问题，2013（7）：44-50.

[81] 严兵，张禹，王振磊. 中国系统重要性银行评估——基于 14 家上市银行数据的研究 [J]. 国际金融研究，2013（2）：47-57.

[82] 晏露蓉，吴伟. 借鉴和思考：国内外经济运行先行指标体系比较 [J]. 金融研究，2005（9）：39-50.

[83] 杨柳勇，周强. 资产证券化与金融危机的国际传染——一个理论模型及经验检验 [J]. 国际金融研究，2012（12）：74-81.

[84] 杨涛，张萌. 人民币国际化进程中的系统性风险研究 [J]. 经济问题探索，2014（5）：122-127.

［85］于震，张超磊. 日本宏观审慎监管的政策效果与启示——基于信贷周期调控的视角［J］. 国际金融研究，2015（4）：34 - 44.

［86］臧敦刚，马德功. 基于宏观压力测试的我国商业银行系统性风险的度量［J］. 上海金融，2013（12）：102 - 105.

［87］张华勇. 金融市场联动性和风险传染的内在机制研究［J］. 云南社会科学，2014（4）：81 - 84.

［88］张磊. 基本面关联还是市场恐慌？——金融危机跨国传染渠道的文献综述及其警示［J］. 经济社会体制比较，2013（3）：237 - 246.

［89］张敏锋，李拉亚. 宏观审慎政策有效性研究最新进展［J］. 经济学动态，2013（6）：123 - 131.

［90］张敏锋，王文强. 基于 DSGE 模型的我国宏观审慎政策规则有效性研究——以贷款价值比为视角［J］. 上海金融，2014（3）：68 - 72.

［91］张元萍，孙刚. 金融危机预警系统的理论透析与实证分析［J］. 国际金融研究，2003（10）：32 - 38.

［92］张正平，何广文. 我国银行业市场约束力的实证研究（1994—2003）［J］. 金融研究，2005（10）：42 - 52.

［93］赵进文，张胜保，韦文彬. 系统性金融风险度量方法的比较与应用［J］. 统计研究，2013（10）：46 - 53.

［94］中国银行国际金融研究所课题组. 金融危机监测指标体系研究［J］. 国际金融研究，2010（3）：73 - 82.

［95］周海林，盖曦，吴鑫育. 基于银行同业拆借市场网络模型的风险传导机制研究［J］. 财贸研究，2015（5）：106 - 115.

［96］朱元倩，苗雨峰. 关于系统性风险度量和预警的模型综述［J］. 国际金融研究，2012（1）：79 - 88.

［97］Abreu, J. F., Gulamhussen, M. A. The stock market reaction to the public announcement of a supranational list of too - big - to - fail banks during the financial crisis. *Journal of International Financial Markets, Institutions and Money*, 25, 2013, 49 - 72.

［98］Acharya, V., Pedersen, L. H., Philippon, T., Richardson, M. Measuring systemic risk. Unpublished Working Paper, New York University, 2010.

[99] Adam, T. , Benecka, S. Financial stress spillover and financial linkages between the Euro Area and the Czech Republic. *Finance a uver – Czech Journal of Economics and Finance*, 63 (1), 2013, 46 – 64.

[100] Adams, Z. , Füss, R. , Gropp, R. Spillover effects among financial institutions: A state – dependent sensitivity Value – at – Risk approach. *Journal of Financial and Quantitative Analysis*, 49 (3), 2014, 575 – 598.

[101] Adrian, T. , Brunnermeier, M. K. CoVaR. NBER Working Paper, No. 17454, 2011.

[102] Ahuja, A. , Nabar, M. Safeguarding banks and containing property booms: Cross – country evidence on macroprudential policies and lessons from Hong Kong SAR. IMF Working Paper, No. 11/284, 2011.

[103] Allen F. , Gale D. Financial contagion. *Journal of Political Economy*, 108 (1), 2000, 1 – 33.

[104] Allen, F. , Babus, A. , Carletti, E. Asset commonality, debt maturity and systemic risk. *Journal of Financial Economics*, 104 (3), 2012, 519 – 534.

[105] Aregger, N. , Brown, M. , Rossi, E. Transaction taxes, capital gains taxes and house prices. Swiss National Bank Working Papers, No. 2013 – 2, 2013.

[106] Baele, L. Volatility spillover effects in European equity markets. *Journal of Financial and Quantitative Analysis*, 40 (2), 2005, 373 – 401.

[107] Baele, L. , Bekaert, G. , Inghelbrecht, K. The determinants of stock and bond return comovements. *Review of Financial Studies*, 23 (6), 2010, 2374 – 2428.

[108] Bailliu, J. , Meh, C. , Zhang, Y. Macroprudential rules and monetary policy when financial frictions matter. *Economic Modelling*, 50, 2015, 148 – 161.

[109] Balakrishnan, R. , Danninger, S. , Elekdag, S. , Tytell, I. The transmission of financial stress from advanced to emerging economies. *Emerging Markets Finance and Trade*, 47 (sup2), 2011, 40 – 68.

[110] Banulescu, G. D. , Dumitrescu, E. I. Which are the SIFIs? A Component Expected Shortfall approach to systemic risk. *Journal of Banking and Finance*, 50, 2015, 575 – 588.

[111] BCBS. Core Principles for effective banking supervision. 2012, Available at: http://www. bis. org/publ/bcbs230. pdf.

[112] BCBS. Global systemically important banks: Updated assessment methodology and the higher loss absorbency requirement. 2013, Available at: http://www. bis. org/publ/bcbs255. pdf.

[113] BCBS. Supervisory framework for measuring and controlling large exposures. 2014, Available at: http://www. bis. org/publ/bcbs283. pdf.

[114] Bekaert, G. , Harvey, C. R. , Ng, A. Market integration and contagion. *Journal of Business*, 78 (1), 2005, 39 – 69.

[115] Billio, M. , Getmansky, M. , Lo, A. W. , Pelizzon, L. Econometric measures of connectedness and systemic risk in the finance and insurance sectors. *Journal of Financial Economics*, 104 (3), 2012, 535 – 559.

[116] Black, F. , Scholes, M. The pricing of options and corporate liabilities. *Journal of Political Economy*, 81 (3), 1973, 637 – 654.

[117] Blaschke, W. , Jones, M. T. , Majnoni, G. , Peria, S. M. Stress testing of financial systems an overview of issues, methodologies, and FSAP experiences. IMF Working Paper, No. 01/88, 2001.

[118] Bliss, R. R. , Flannery, M. J. Market discipline in the governance of U. S. bank holding companies: Monitoring vs. Influencing. *European Finance Review*, 6 (3), 2002, 361 – 396.

[119] Bongini, P. , Nieri, L. , Pelagatti, M. The importance of being systemically important financial institutions. *Journal of Banking and Finance*, 50, 2015, 562 – 574.

[120] Boyson, N. M. , Stahel, C. W. , Stulz, R. M. Hedge fund contagion and liquidity shocks. *Journal of Finance*, 65 (5), 2010, 1789 – 1816.

[121] Brave, S. , Butters, R. A. Gathering insights on the forest from the trees: A new metric for financial conditions. Federal Reserve Bank of Chicago Working Paper, No. 2010 – 07, 2010.

[122] Brave, S. , Butters, R. A. Diagnosing the financial system: Financial conditions and financial stress. *International Journal of Central Banking*, 8 (2),

2012, 191 - 239.

[123] Brewer III, E. , Klingenhagen, A. M. Be careful what you wish for: The stock market reactions to bailing out large financial institutions: Evidence from the USA. *Journal of Financial Regulation and Compliance*, 18 (1), 2010, 56 - 69.

[124] Brown, S. J. , Warner, J. B. Using daily stock returns: The case of event studies. *Journal of Financial Economics*, 14 (1), 1985, 3 - 31.

[125] Brownlees, T. C. , Engle, R. F. Volatility, correlation and tails for systemic risk measurement. Unpublished Working Paper, NYU - Stern, 2012.

[126] Campbell, J. Y. , Lo, A. W. , Mackinlay, A. C. The econometrics of financial markets. Princeton: Princeton University Press, 1997.

[127] Cappiello, L. , Engle, R. F. , Sheppard, K. Asymmetric dynamics in the correlations of global equity and bond returns. *Journal of Financial Econometrics*, 4 (4), 2006, 537 - 572.

[128] Cardarelli, R. , Elekdag, S. A. , Lall, S. Financial stress, downturns, and recoveries. IMF Working Paper, No. 09/100, 2009.

[129] Castro, C. , Ferrari, S. Measuring and testing for the systemically important financial institutions. *Journal of Empirical Finance*, 25, 2014, 1 - 14.

[130] Chancharoenchai, K. , Dibooglu, S. Volatility spillovers and contagion during the Asian crisis: Evidence from six Southeast Asian stock markets. *Emerging Markets Finance and Trade*, 42 (2), 2006, 4 - 17.

[131] Chan - Lau, J. A. Regulatory capital charges for too - connected - to - fail institutions: A practical proposal. *Financial Markets, Institutions and Instruments*, 19 (5), 2010, 355 - 379.

[132] Cont, R. , Moussa, A. , Santos, E. B. Network structure and systemic risk in banking systems. In: Fouque, J. P. , Langsam, J. A. , eds. Handbook on Systemic Risk, Cambridge: Cambridge University Press, 2013, 327 - 368.

[133] Corrado, C. J. A nonparametric test for abnormal security - price performance in event studies. *Journal of Financial Economics*, 23 (2), 1989, 385 - 395.

[134] Cowan, A. R. Nonparametric event study tests. *Review of Quantitative Finance and Accounting*, 2 (4), 1992, 343 – 358.

[135] Danielsson, J., James, K. R., Valenzuela, M., Zer, I. Dealing with systemic risk when we measure it badly. Unpublished Working Paper, London School of Economics, 2012.

[136] Dasgupta, A. Financial contagion through capital connections: A model of the origin and spread of bank panics. *Journal of the European Economic Association*, 2 (6), 2004, 1049 – 1084.

[137] De Bandt, O., Hartmann, P. Systemic risk: A survey. ECB Working Paper Series, No. 35, 2000.

[138] Degryse, H., Nguyen, G. Interbank exposures: An empirical examination of contagion risk in the Belgian banking system. *International Journal of Central Banking*, 3 (2), 2007, 123 – 171.

[139] Demirgüç – Kunt, A., Detragiache, E. Financial liberalization and financial fragility. World Bank, Policy Research Working Paper, No. 1917, 1998.

[140] Dornbusch, R., Park, Y. C., Claessens, S. Contagion: How it spreads and how it can be stopped. Forthcoming World Bank Research Observer, May 2000.

[141] Drehmann, M., Hoggarth, G., Logan, A., Zicchino, L. Macro stress testing UK banks. Unpublished Working Paper, Bank of England, 2004.

[142] Drehmann, M., Tarashev, N. Measuring the systemic importance of interconnected banks. *Journal of Financial Intermediation*, 22 (4), 2013, 586 – 607.

[143] ECB. Special feature B: The concept of systemic risk. Financial Stability Review, December 2009, 134 – 142.

[144] Elliott, D. J., Litan, R. E. Identifying and regulating systemically important financial institutions: The risks of under and over identification and regulation. Brookings Working Paper, 2011.

[145] Engle, R. Dynamic conditional correlation: A simple class of multivariate generalized autoregressive conditional heteroskedasticity models. *Journal of Busi-*

ness and Economic Statistics, 20 (3), 2002, 339 – 350.

[146] Forbes, K. J., Rigobon, R. No contagion, only interdependence: Measuring stock market comovements. *Journal of Finance*, 57 (5), 2002, 2223 – 2261.

[147] Frankel, J. A., Rose, A. K. Currency crashes in emerging markets: An empirical treatment. *Journal of International Economics*, 41 (3 – 4), 1996, 351 – 366.

[148] FSB, BIS, IMF. Macroprudential policy tools and frameworks – Progress report to G20. 2011, Available at: http://www. bis. org/publ/othp17. pdf.

[149] Gauthier, C., Lehar, A., Souissi, M. Macroprudential regulation and systemic capital requirements. Bank of Canada Working Paper, No. 2010 – 4, 2010.

[150] Gelain, P., Lansing, K. J., Mendicino, C. House prices, credit growth, and excess volatility: Implications for monetary and macroprudential policy. Federal Reserve Bank of San Francisco, Working Paper, No. 2012 – 11, 2013.

[151] Girardi, G., Ergün, A. T. Systemic risk measurement: Multivariate GARCH estimation of CoVaR. *Journal of Banking and Finance*, 37 (8), 2013, 3169 – 3180.

[152] Gravelle, T., Li, F. Measuring systemic importance of financial institutions: An extreme value theory approach. *Journal of Banking and Finance*, 37 (7), 2013, 2196 – 2209.

[153] Gray, D. F., Merton, R. C., Bodie, Z. New framework for measuring and managing macrofinancial risk and financial stability. NBER Working Paper, No. 13607, 2007.

[154] Hakkio, C. S., Keeton, W. R. Financial stress: What is it, how can it be measured, and why does it matter? . *Economic Review*, 94 (2), 2009, 5 – 50.

[155] Hamilton, J. D., Susmel, R. Autoregressive conditional heteroskedasticity and changes in regime. *Journal of Econometrics*, 64 (1 – 2), 1994, 307 – 333.

[156] Hatzius, J. , Hooper, P. , Mishkin, F. S. , Schoenholtz, K. L. , Watson, M. W. Financial conditions indexes: A fresh look after the financial crisis. NBER Working Paper, No. 16150, 2010.

[157] Henry, J. , Kok, C. A macro stress testing framework for assessing systemic risks in the banking sector. ECB Occasional Paper Series, No. 152, 2013.

[158] Hollo, D. , Kremer, M. , Lo Duca, M. CISS – A composite indicator of systemic stress in the financial system. ECB Working Paper Series, No. 1426, 2012.

[159] Huang, X. Statistics of bivariate extreme values. Tinbergen Institute Research Series, Ph. D. Thesis, Erasmus University Rotterdam, No. 22, 1992.

[160] Illing, M. , Liu, Y. Measuring financial stress in a developed country: An application to Canada. *Journal of Financial Stability*, 2 (3), 2006, 243 – 265.

[161] IMF, BIS, FSB. Guidance to assess the systemic importance of financial institutions, markets and instruments: Initial considerations, Report to the G – 20 Finance Ministers and Central Bank Governors. 2009, Available at: http://www. bis. org/publ/othp07. pdf.

[162] IMF. Global financial stability report: Responding to the financial crisis and measuring systemic risk. World Economic and Financial Surveys, April 2009.

[163] Iwanicz – Drozdowska, M. , Schab, I. Regulation of G – SIBs: Does one size fit all? . Unpublished Working Paper, Warsaw School of Economics, 2013.

[164] Joint Forum. Principles for the supervision of financial conglomerates. 2012, Available at: http://www. bis. org/publ/joint29. pdf.

[165] Jones, M. T. , Hilbers, P. , Slack, G. Stresstesting financial systems: What to do when the governor calls. IMF Working Paper, No. 04/127, 2004.

[166] Kaminsky, G. L. Leading indicators of currency crises. IMF Working Paper, No. 97/79, 1997.

[167] Kane, E. J. Incentives for banking megamergers: What motives might regulators infer from event – study evidence? . *Journal of Money Credit and Banking*, 32 (3), 2000, 671 – 701.

[168] Kaufman, G. G. Comment on systemic risk. In: Kaufman, G. G. ,

ed. Research in Financial Services: Banking, Financial Markets, and Sysmetic Risk, 7, JAI Press, 1995, 47 – 52.

[169] Kaufman, G. G., Scott, K. E. What is systemic risk, and do bank regulators retard or contribute to it?. *The Independent Review*, 7 (3), 2003, 371 – 391.

[170] Kuttner, K. N., Shim, I. Can non – interest rate policies stabilize housing markets? Evidence from a panel of 57 economies. *Journal of Financial Stability*, 26, 2016, 31 – 44.

[171] Lehar, A. Measuring systemic risk: A risk management approach. *Journal of Banking and Finance*, 29 (10), 2005, 2577 – 2603.

[172] Leitner, Y. Financial networks: Contagion, commitment, and private sector bailouts. *Journal of Finance*, 60 (6), 2005, 2925 – 2953.

[173] Lim, C., Columba, F., Costa, A., Kongsamut, P., Otani, A., Saiyid, M., Wezel, T., Wu, X. Macroprudential policy: What instruments and how to use them? Lessons from country experiences. IMF Working Paper, No. 11/238, 2011.

[174] Liu, Y., Ouyang, H. Spillover and comovement: The contagion mechanism of systemic risks between the U. S. and Chinese stock markets. Emerging Markets Finance and Trade, 50 (sup3), 2014, 109 – 121.

[175] Louzis, D. P., Vouldis, A. T. A methodology for constructing a financial systemic stress index: An application to Greece. *Economic Modelling*, 29 (4), 2012, 1228 – 1241.

[176] Memmel, C., Sachs, A. Contagion in the interbank market and its determinants. *Journal of Financial Stability*, 9 (1), 2013, 46 – 54.

[177] Merton, R. C. Theory of rational option pricing. *Bell Journal of Economics*, 4 (1), 1973, 141 – 183.

[178] Morgan, D. P., Stiroh, K. J. Too big to fail after all these years. Federal Reserve Bank of New York Staff Reports, No. 220, 2005.

[179] Muller, J. Two approaches to assess contagion in the inter – bank market. Swiss National Bank Working Paper, December 2003.

［180］ Nakajima, J. Time – varying parameter VAR model with stochastic volatility: An overview of methodology and empirical applications. *Monetary and Economic Studies*, 29, 2011, 107 – 142.

［181］ Navarro, N. Fair allocation in networks with externalities. *Games and Economic Behavior*, 58 (2), 2007, 354 – 364.

［182］ Nelson, W. , Perli, R. Selected indicators of financial stability. Irving Fisher Committee's Bulletin on Central Bank Statistics, No. 23, 2005.

［183］ O'Hara, M. , Shaw, W. Deposit insurance and wealth effects: The value of being "too big to fail". *Journal of Finance*, 45 (5), 1990, 1587 – 1600.

［184］ Ökter – Robe, I. , Narain, A. , Ilyina, A. , Surti, J. The too – important – to – fail conundrum: Impossible to ignore and difficult to resolve. InternationalMonetary Fund, Staff Discussion Note, No. 11/12, 2011.

［185］ Ökter – Robe, I. , Pazarbasioglu, C. Impact of regulatory reforms on large and complex financial institutions. International Monetary Fund, Staff Position Note, No. 10/16, 2010.

［186］ Pais, A. , Stork, P. A. Contagion risk in the Australian banking and property sectors. *Journal of Banking and Finance*, 35 (3), 2011, 681 – 697.

［187］ Peeters, R. Quantifying systemic importance: An extreme value approach. Master Thesis, Maastricht University, 2011.

［188］ Penas, M. F. , Unal, H. Gains in bank mergers: Evidence from the bond markets. *Journal of Financial Economics*, 74 (1), 2004, 149 – 179.

［189］ Pericoli, M. , Sbracia, M. A primer on financial contagion. *Journal of Economic Surveys*, 17 (4), 2003, 571 – 608.

［190］ Pop, A. , Pop, D. Requiem for market discipline and the specter of TBTF in Japanese banking. *Quarterly Review of Economics and Finance*, 49 (4), 2009, 1429 – 1459.

［191］ Pritsker, M. Chapter 38 – Definitions and types of financial contagion. In: Caprio, G. , Beck, T. , Claessens, S. , Schmukler, S. L. , eds. The Evidence and Impact of Financial Globalization, San Diego: Academic Press, 2013, 547 – 559.

[192] Rodríguez - Moreno, M., Peña, J. I. Systemic risk measures: The simpler the better?. *Journal of Banking and Finance*, 37 (6), 2013, 1817 - 1831.

[193] Roengpitya, R., Rungcharoenkitkul, P. Measuring Systemic Risk and Financial Linkages in the Thai Banking System. Unpublished Working Paper, Bank of Thailand, 2010.

[194] Sachs, J., Tornell, A., Velasco, A. Financial crises in emerging markets: The lessons from 1995. *Brookings Papers on Economic Activity*, 1996 (1), 1996, 147 - 215.

[195] Schäfer, A., Schnabel, I., Weder di Mauro, B. Financial sector reform after the crisis: Has anything happened?. CEPR Discussion Paper, No. 9502, 2013.

[196] Schüler, M., Schröder, M. Systemic risk in European banking: Evidence from bivariate GARCH models. ZEW Discussion Paper, No. 03 - 11, 2003.

[197] Segoviano, B. M., Goodhart, C. Banking stability measures. IMF Working Paper, No. 09/4, 2009.

[198] Shapley, L. S. A value for n - person games. In: Kuhn, H., Tucker, A., eds. Contributions to the Theory of Games, Vol. II, Annals of Mathematical Studies, 28, Princeton: Princeton University Press, 1953, 307 - 317.

[199] Sorge, M., Virolainen, K. A comparative analysis of macro stress - testing methodologies with application to Finland. *Journal of Financial Stability*, 2 (2), 2006, 113 - 151.

[200] Soriano, P., Climent, F. J. Volatility transmission models: A survey. Revista de Economía Financiera, Forthcoming, 2006, Available at: https://ssrn. com/abstract = 929953.

[201] Suh, H. Macroprudential policy: Its effects and relationship to monetary policy. FRBP Working Papers, No. 12 - 28, 2012.

[202] Tarashev, N., Borio, C., Tsatsaronis, K. Attributing systemic risk to individual institutions: Methodology and policy implications. BIS Working Paper, No. 308, 2010.

[203] Thomson, J. B. On systemically important financial institutions and progressive systemic mitigation. Federal Reserve Bank of Cleveland, Policy Discussion Paper, No. 27, 2009.

[204] Tsay, R. S. Testing and modeling multivariate threshold models. *Journal of the American Statistical Association*, 93 (443), 1998, 1188 – 1202.

[205] Upper, C. Using counterfactual simulations to assess the danger of contagion in interbank markets. BIS Working Paper, No. 234, 2007.

[206] Vandenbussche, J. , Vogel, U. , Detragiache, E. Macroprudential policies and housing prices – A new database and empirical evidence for Central, Eastern, and Southeastern Europe. IMF Working Paper, No. 12/303, 2012.

[207] Wang M. C. , Shih F. M. Volatility spillover: Dynamic regional and world effects. *European Journal of Finance and Banking Research*, 3 (3), 2010, 28 – 38.

[208] Wong, A. Y – T. , Fong, T. P. W. Analysing interconnectivity among economies. *Emerging Markets Review*, 12 (4), 2011, 432 – 442.

[209] Worrell, D. Quantitative assessment of the financial sector: An integrated approach. IMF Working Paper, No. 04/153, 2004.

[210] Zhou, C. Are banks too big to fail? Measuring systemic importance of financial institutions. *International Journal of Central Banking*, 6 (4), 2010, 205 – 250.

[211] Zhou, J. , Rutledge, V. , Bossu, W. , Dobler, M. , Jassaud, N. , Moor, M. From bailout to bail – in: Mandatory debt restructuring of systemic financial institutions. International Monetary Fund, Staff Discussion Note, No. 12/03, 2012.

后　记

　　系统性风险这一问题作为学界和业界所关注的重点，围绕其能展开多种角度的研究，本书力求能为系统性风险乃至风险管理的相关理论探讨作出一点贡献，然而仍有很多不足之处亟待完善，希望能够在未来的各界研究中加以补充。感谢国内外各位学者围绕系统性风险所作出的丰富探讨，这为本书研究的开展提供了重要基础。

　　感谢我的博士生导师、中国人民大学财政金融学院的陈忠阳教授对我在学术上和生活上的指导与帮助。读博期间，是陈老师引领我进入了金融风险管理这一领域，指导我参与各类项目研究，并为我们搭建了良好的学习交流平台，这不仅锻炼了我的学术研究能力，也提高了我做人做事方面的综合素质。在本书写作过程中，陈老师对选题、研究思路、研究方法等方面均进行了指导与帮助，为本书的顺利完成提供了极大的支持。在本书的完成过程中，也得到了中国人民大学财政金融学院和国际学院各位老师，以及其他一些专家的帮助与指导，在此一并致谢。此外，还要感谢同师门的各位同学，和他们在各类项目研究中的合作与交流为我的学习生活增添了不少乐趣。

　　感谢中国矿业大学（北京）管理学院丁日佳院长、杨庆舟书记，以及管理学院各位老师对我的帮助和指导，感谢他们为本书的顺利出版所提供的支持。同时感谢中国金融出版社的黄海清老师和其他编辑老师对本书出版的帮助。作为一名高校教师，深感教书育人的责任重大。系统性风险作为一类宏观层面的风险，为各行各业所关心，希望本书能够为对相关领域感兴趣的读者提供一些启发，并能够鼓励其就这一问题继续深入探索。

　　最后，感谢我的父母，他们在生活中对我的无私支持使我能够安心于
学术研究。感谢我的先生，他对我的陪伴与鼓励是我在学术道路继续前进
的极大动力，同时感谢他以一名专业研究人员的视角对我的研究所提供的
帮助。

许悦

2018 年 8 月